ビジネスのための
データ処理リテラシー

尾碕　眞　◎──監修

吉田　聡
笠置　剛　◎──編著
中野健秀

創 成 社

監修の言葉

　現在，私たちは好むと好まざるに関わらず，コンピュータとネットワークに囲まれ生活しています。

　例えば，スマートフォン（Smartphone）を自分の手元で操作し，必要な情報を検索すると，ネットワークにつながり情報を入手できます。一昔前であればPC（Personal Computer）の前に座り，操作し，情報を得ました。今は，携帯できるスマートフォン（コンピュータ）により日常生活はより便利になりつつあります。いいかえれば，ICT（information and communication technology，情報通信技術）を有効に活用しているのです。このようにスマートフォンは情報処理の道具として使用されていますが，ビジネスでは書類作成やデータ処理等にコンピュータが使われています。

　スマートフォンは容易に使用できるが，コンピュータはわかりづらい，難しいという人は少なくありません。スマートフォン操作に比べコンピュータの操作は英文字，カタカナ用語を多数用いなければならないのです。さらに抽象的概念が多く登場し，意味が不明なことも生じます。

　周知のように，コンピュータは第2次世界大戦終了ごろ，アメリカで誕生しました。その後，PCは1980年ごろ登場し，パソコン通信は1985年ごろから始まり，1995年ごろインターネット（Internet）が普及しました。それにより，誰でも，どこにいても，いつでも情報交換ができる便利な世界が誕生したのです。これらのハードウェアやソフトウェアの開発はアメリカが中心で，コンピュータ用語には英語が多用されています。英語圏でない私たちはPCからの英語のメッセージに戸惑い，難解と思い込んでいるのではないでしょうか。

　ところで，難解でも，ビジネスでこの機械を利用しないわけにはいきません。どのように付き合うのかです。1つはとにかく使う，コンピュータやネットワーク等のことは考えない。2つ目はコンピュータの原理，本質等を理解し進める。

　この2つの方法から付き合い方を考えてみると，とにかく使い慣れることではないでしょうか。少なくともコンピュータを操作すれば，対話していることを体感できると思います。コンピュータのキーボード，マウス等に触れてみましょう。

　本書は，先に出版した『文書作成リテラシー』に続き，PCを利用してデータ処理を学ぶものです。前書同様，大学生がコンピュータに慣れ，ビジネスでコンピュータを有効利用できる能力を習得することを目的としています。その観点から，コンピュータに精通し

ている教員が数回の研究会と編集委員会を行い，執筆したものです。

ICT の時代に取り残されないように，学んでいただければ幸いです。

監修　尾碕　眞

はしがき

　最近になって，「ビッグデータ」という言葉がテレビや新聞などで取り上げられるようになってきました。世の中にはさまざまなデータがあり，それらを的確に表現する能力，分析する能力，処理・加工する能力が，今後もさらに必要になってくると考えられます。これらの能力は，学生にとってレポートの作成や研究活動に役立つだけでなく，表を含んだドキュメントの作成，表計算，統計処理，マーケティングリサーチ，経済分析，会計処理，商品管理，顧客管理などビジネスの幅広い分野で活用することができます。

　本書は，パソコンの基本操作（キーボード入力，タッチタイピング，インターネットへのアクセス）やワープロソフト，プレゼンテーションソフトなどの基本操作を習得した学生を対象に，2017年4月に創成社から出版された『文書作成リテラシー』の続編として，表計算ソフトウェアやデータベースソフトウェアを活用することを目的に作成されたものです。したがって，『文書作成リテラシー』同様に大学で情報リテラシーの講義を受ける際の教科書として，さらに社会に出てからの参考書としても役立てていただけると幸いです。

　本書で説明するためのパソコンのオペレーティングシステムとしては，Microsoft Windows 10を採用しています。表計算のソフトウェアとしてはMicrosoft Excel 2013を，データベースのソフトウェアとしてはMicrosoft Access 2013を採用しています。

　本書の作成においては，それぞれの章を大学での1時限（90分）授業として半期でほぼすべての内容が終了するようまとめました。また，原則としてそれぞれの章に演習問題を設定してありますので，授業時間以外でも各章の内容の理解が深まるように工夫してあります。

　第1章では表計算ソフトウェアMicrosoft Excelの基本操作として，画面構成およびブックの新規作成や保存の方法について説明してあります。第2章ではセルへのデータの入力や編集，セルの書式設定，ワークシートの書式設定について解説してあります。第3章ではテーブルの作成や書式設定などについて解説しました。第4章から第6章では数式の入力として，セルに入力された数値を計算するための数式，関数の利用方法やセルの参照方法（相対参照や絶対参照など）について解説しました。第7章では，複数のシートを操作する方法，シート名の変更，シートの移動やコピーなどについて解説しました。第8章と第9章ではグラフ機能として，グラフの新規作成，棒グラフ，折れ線グラフ，円グラフ，複合グラフなどさまざまな種類のグラフを挿入する方法やグラフの種類を変更する方法について解説しました。第10章から第12章ではMicrosoft Excelが持つ便利な機能とし

て，データベース機能をはじめとして，図形の挿入，印刷機能，検索や置換，マクロ機能などについて解説しました。第13章と第14章ではデータベースの基本的な考え方，データベースソフトウェア Microsoft Access の基本操作，クエリによるデータの加工，データの抽出や集計などについて説明してあります。

　本書の執筆においては，それぞれの章において大学で情報リテラシーの授業を担当する教員が分担しました。各章の執筆分担は，第1章から第3章を吉田聡，第4章から第7章を笠置剛，第8章と第9章を御幸英寛，第10章から第12章を竹治勲，第13章と第14章を中野健秀が，それぞれ担当しました。

　編集にあたっては，すべてのページについて慎重に検討し校正作業を行いましたが，執筆者により文章や図表の表現方法などに若干の違いが見られる場合がありますのが，今後より充実したものにする努力を重ねますので，忌憚なきご意見を賜れば幸いです。

　なお，本書で利用するデータの一部は，本書の出版元である創成社の Web サイト（http://www.books-sosei.com）からダウンロードすることができます。

　最後に，本書の出版にあたり企画段階から何かとご相談いただいた愛知学院大学商学部尾碕眞教授，ならびに創成社の西田徹氏に心から感謝いたします。

2017年8月

編著者を代表して

吉田　聡

目　　次

．．

監修の言葉
はしがき

第1章　Excel の基本操作

1.1　Excel とは

　Microsoft Excel（以下，Excel と表記します）は Microsoft 社の Office に含まれる統合型表計算ソフトウェアであり，表の作成や加工，表の上での数式や関数を用いた計算，グラフの作成，データの集計などを行うことが可能で，資料やビジネス文書の作成，レポートや論文の作成などにも活用できます。

1.2　Excel の画面構成

　Excel を起動するには，Microsoft Windows のスタートボタンから「Microsoft Office 2013」，「Excel 2013」の順に選択します。Excel を起動するとスタート画面が表示されるので，そこから「空白のブック」を選択します。図1.1に Excel の画面構成を示します。
　図1.1における，それぞれの名称は次の通りです。

① クイックアクセスツールバー
　　よく使うコマンドを登録し，ボタン1つで利用することができます。初期設定として「上書き保存」，「元に戻す」，「やり直し」が登録されています。
② タイトルバー
　　ブック名（最初に起動したとき "Book1"）とアプリケーション名（Excel）が表示されます。
③ リボン
　　色々な処理（コマンド）を行うためのボタンが並んでいます。関連する処理ごとに【ホーム】,【挿入】などのタブで分類され，さらにグループごとに並んでいます。
④ 行番号
　　シートの行番号を示します。行番号は 1〜1,048,576 行目まであります。

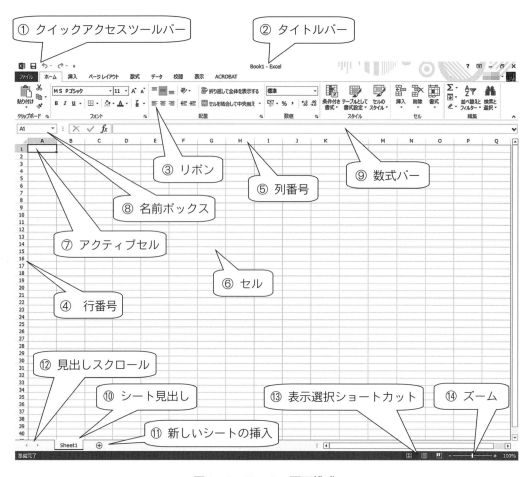

図1.1　Excel の画面構成

⑤　列番号

　　シートの列番号を示します。列番号は A〜XFD まであります。

⑥　セル

　　行と列が交わる１つ１つのマス目であり，列番号と行番号で位置（座標）を表します。基本的に，Excel ではセルにデータを入力します。

⑦　アクティブセル

　　処理を行う対象となるセルのことで，セルが太枠で表示されるとともに右下に■（フィルハンドル）が表示されます。また，行番号と列番号の背景色が変わります。

⑧　名前ボックス

　　アクティブセルの位置などが表示されます。

⑨　数式バー

アクティブセルの内容が表示されます。セル上で計算を行う場合は，計算式や関数
などが表示されます。

⑩　シート見出し

シートを識別する見出しです。Excel のファイルを新規作成した場合，1つのシー
トが表示されます。

⑪　新しいシートの挿入

右端に新しいシートを新たに挿入するためのボタンです。

⑫　見出しスクロール

シート見出しを表示する領域を移動します。

⑬　表示選択ショートカット

表示モードを切り替えるためのボタンです。「標準」，「ページレイアウト」，「改ペー
ジプレビュー」のモードで切り替えができます。

⑭　ズーム

シートの表示倍率を変更することができます。

1.3　ブックの作成

① ブックの新規作成

Excel ではファイルをブックとして管理します。Excel を起動すると，自動的に新規の
ブック（Book1）が表示されます。新規のブックでは1枚のワークシート（Sheet1）があり，
必要に応じてワークシートを追加することができます。1枚のワークシートは，1,048,576
行×16,384列（XFD列）のセルで構成されます。

また，ブックを作成中に他のブックを新たに作成するには，【ファイル】タブをクリッ
クして「新規」を選択します（図1.2）。

情報

ブックの保護
このブックに対してユーザーが実行できる変更の種類を管理します。

ブックの検査
ファイルを公開する前に、ファイルの次の項目を確認します。
■ 作成者の名前、絶対パス

バージョン
このファイルには、前のバージョンはありません。

ブラウザーの表示オプション
このブックをブラウザーで開いたときに表示される内容を選びます。

図1.2 情報画面

② ブックを開く・ブックの保存

　保存されているブックを開くには，【ファイル】タブをクリックして「開く」を選択します（図1.2）。作成中のブックを新たに保存するには，【ファイル】タブをクリックして「名前を付けて保存」を選択します。ファイル名を変えずに上書き保存する場合，または初めてそのファイルを保存する場合は，【ファイル】タブをクリックして「上書き保存」を選択するか，「クイックアクセスツールバー」の「上書き保存」ボタンをクリックします。

　作業中のブックを閉じるには，ブック右上の「閉じる」ボタンをクリックします。

第 **2** 章　データの入力と表示

2.1　セルへのデータの入力

1　文字列の入力

　セルにデータを入力するには，入力対象のセルをマウスでクリックしてアクティブセルにします。アクティブセルにデータを入力して文字を確定させてから Enter キーまたは ↓ キーを押すと，1つ下のセルにアクティブセルが移動します。1つ右のセルにアクティブセルを移動させるには Tab キーまたは → キーを押します。アクティブセルに文字列を入力すると，入力した文字列が左揃えで表示されます。列幅よりも長い文字列を入力すると，右側のセルに続けて表示されますが，右側のセルにもデータが入力されているとセルの幅の分だけ表示されます。

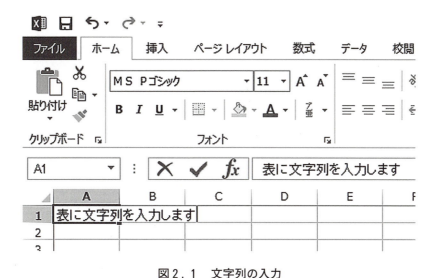

図2.1　文字列の入力

2 数値の入力

アクティブセルに数値を入力すると，入力した数値が右揃えで表示されます。このとき，入力モードを半角英数字にしておくと効率的に入力することができます。

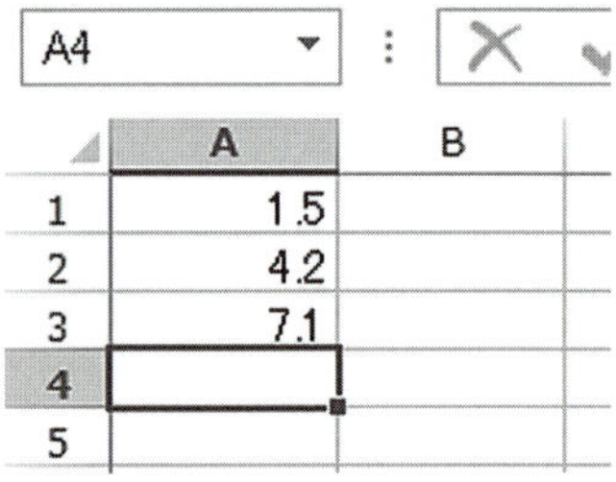

図2.2　数値の入力

3 オートフィル機能

オートフィルは，マウスのドラッグによって連続したデータを上下左右の隣接したセルに入力することをいいます。例えば，セルA2からA13に「1月」，「2月」，…,「12月」と入力するには，まずセルA2に「1月」と入力します。そして，セルA2がアクティブセルになっていることを確認します（図2.3）。A2のフィルハンドル（■で表示された部分）をマウスでポイントすると，マウスポインタの形が＋に変わります。

マウスポインタの形が＋になっているのを確認し，セルA13までドラッグします。ドラッグすると連続したデータが自動的に入力されます（図2.4）。

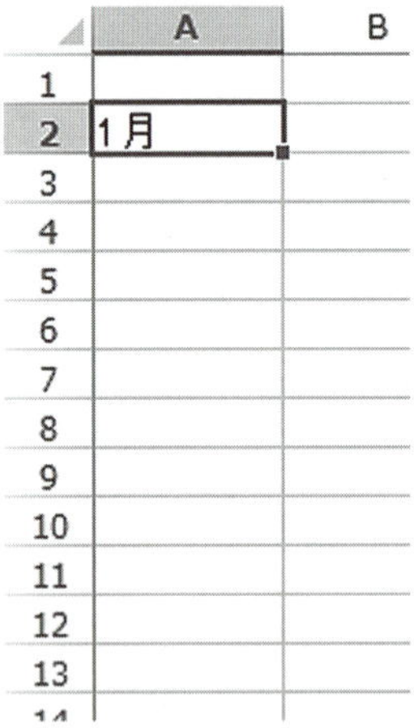

図2.3　オートフィル機能（1）

図2.4　オートフィル機能（2）

オートフィル機能を実行すると，右下に ▦ （オートフィルオプション）が表示されます。
例えば，セル A2 から A13 すべて「1月」と入力したいときは，オートフィル機能を実行後にオートフィルオプションをクリックしてから「セルのコピー」を選択します。

他にも "月曜日～日曜日"，連番数値 "0～100"，"第1四半期～第4四半期"，十二支 "子～亥"，英語での曜日 "Sun～Sat"，英語での1年 "Jan～Dec"，奇数 "1, 3, 5, 7…"，偶数 "2, 4, 6…"，"10, 20, 30…" といった数値を連続して入力させることも可能です。

4 セル範囲の選択

セル範囲を選択するには，選択するセルをドラッグします。例えば，セル A1:B5（A1～B5）を選択するにはセル A1 から B5 をドラッグします。また，A1:B5，D1:D5（D1～D5），F1:F5（F1～F5）のように離れたセル範囲を同時に選択するには，まずセル A1 から B5 をドラッグします。そして，Ctrl ボタンを押しながらセル D1～D5 をドラッグし，最後にセル F1～F5 をドラッグします（図2.5）。

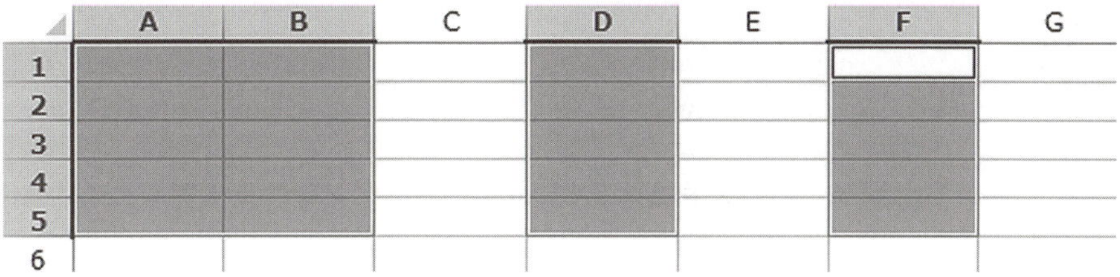

図2.5　セルの範囲選択

5 データの編集

入力したセルのデータを修正するには，修正したいセルをダブルクリックして「編集状態」にしてから入力されたデータを変更します。また，セルの内容全体を上書きするには，そのセルをアクティブセルにしてから新しいデータを入力し直します。

セルに入力したデータの一部を他のセルに複製または移動するには，複製または移動したいセルをダブルクリックして「編集状態」にしてから，文字列や数値列を範囲選択します。そして，【ホーム】タブの『クリップボード』グループにある「コピー」ボタン（移動の場合は「切り取り」ボタン）をクリックします。そして，貼り付け先のセルをアクティ

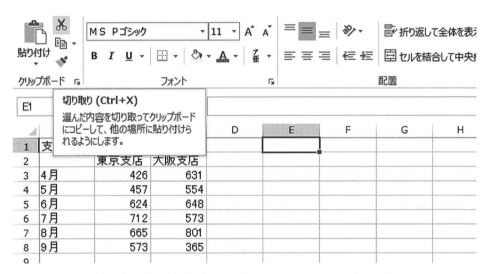

（a）セルの範囲選択

（b）貼り付け先を指定して「切り取り」ボタンをクリック

（c）「貼り付け」ボタンをクリックして移動完了

図2.6　セルの移動

ブセルにしてから「貼り付け」ボタンをクリックします。すでに貼り付け先のセルが入力
されていて，そこに追加して貼り付ける場合は貼り付け先のセルも「編集状態」にして，
該当する場所にカーソルを移動してから「貼り付け」ボタンをクリックします。

すでに入力されたセル全体を他のセルに複製または移動するには，貼り付け先のセルをアクティブセルにしてから「貼り付け」ボタンをクリックします（このとき，貼り付け先ですでに入力したデータは上書きされます）。セル範囲（複数のセル）をまとめて複製または移動するには，セル範囲を指定した後に，貼り付け先のセル範囲のうち最も左上のセルを指定してから「貼り付け」ボタンをクリックします。

6 データの入力規則の設定

セルに入力できる値を設定することができます。この設定を行うことで，データの入力ミスを防ぐことができます。例えば，セル範囲 A1:A5 には 1 ～100 の数値しか入力できないように設定するには，セル A1～A5 を選択してから【データ】タブ，『データツール』グループの順に選択し，「データの入力規則」ボタンをクリックします。図 2．7 に示すような値を入力し，"OK" ボタンをクリックします。

図 2．7　データの入力規則の設定（1）

設定後，セル A1〜A5 の中に 1〜100 以外の数値を入力すると，エラーメッセージが表示されます（図2.8）。ここで，"再試行"を選択すると，別の値を入力できるようになります。"キャンセル"を選択すると，入力そのものがキャンセルされます。

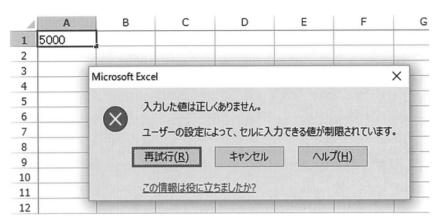

図2.8 エラーメッセージ

入力するデータが何通りかで決まっている場合，データをリスト化してリスト内のデータのみ入力させることもできます。例えば，セル範囲 B2:B6 を「東京」，「名古屋」，「大阪」のいずれかの文字列で入力するには，《データの入力規則》から【設定】タブの「入力値の種類」を「リスト」として図2.9に示すような値を入力します。

図2.9 データの入力規則の設定（2）

設定後，B2～B6 のセルでデータを入力しようとすると，リストが表示されます（図2.10）。

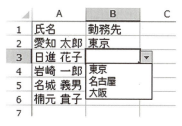

図2.10　リスト表示

 ## セルの挿入と削除

　セルを挿入するには，挿入したい場所のセルを選択して右クリックしてから「挿入」を選択します。例えば，セルA1とA2の間にセルを挿入するには，セルA2をアクティブセルにして「挿入」を選択し，《挿入》ダイアログボックスが表示されたら「下方向にシフト」を選択します。同様に，セルA1とB1の間にセルを挿入するには，セルB1をアクティブセルにして「挿入」を選択し，《挿入》ダイアログボックスが表示されたら「右方向にシフト」を選択します。

　セルを削除するには，削除するセルを選択して右クリックしてから「削除」を選択します。《削除》ダイアログボックスが表示されたら，「左方向にシフト」または「上方向にシフト」を選択します。「左方向にシフト」を選択すると，選択されたセルの右側のセルが移動します。同様に，「上方向にシフト」を選択すると，選択されたセルの下側のセルが移動します。

2.2　セルの書式設定

1 セルの配置やインデントの変更

　通常，セルに数字を入力すると自動的に右揃えで表示され，文字列を入力すると自動的に左揃えで表示されますが，必要に応じて配置を変更することができます。配置を変更したりインデントの設定を行ったりする際にはセルを選択してから図2.11のボタンを選択します。

　それぞれのボタンの意味は次の通りです。

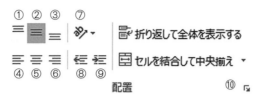

図2.11　セルの配置

① 上揃え

文字列を上詰めで表示します。

② 上下中央揃え

セル内の文字列を上下中央に表示します。

③ 下揃え

文字列を下詰めで表示します。

④ 左揃え

セルの内容を左詰めで表示します。

⑤ 中央揃え

セルの内容を中央に揃えます。

⑥ 右揃え

セルの内容を右詰めで表示します。

⑦ 方　向

文字列を斜めまたは縦方向に回転します。この機能は，狭い列に文字列を表示する場合に用いられます。

⑧ インデントを減らす

内容とセル枠線の間の余白を減らします。

⑨ インデントを増やす

内容とセル枠線の間との間隔を広くします。

　セル内の文字列が長く，セルにすべて表示されないときは「折り返して全体を表示する」ボタンをクリックします。クリックすると，セルの全内容が表示されます（図2.12）。セル内で文字列を強制的に改行するには，改行する箇所で Alt ＋ Enter キーを押します。

　複数のセルを結合させるには，結合させるセルを範囲指定してから「セルを結合して中央揃え」ボタンをクリックします。クリックすると，選択したセルは結合され（図2.13），「セルを結合して中央揃え」ボタンの色が変わります。すでに，セルにデータが入力され

図2.12　セル内の文字列を折り返して表示

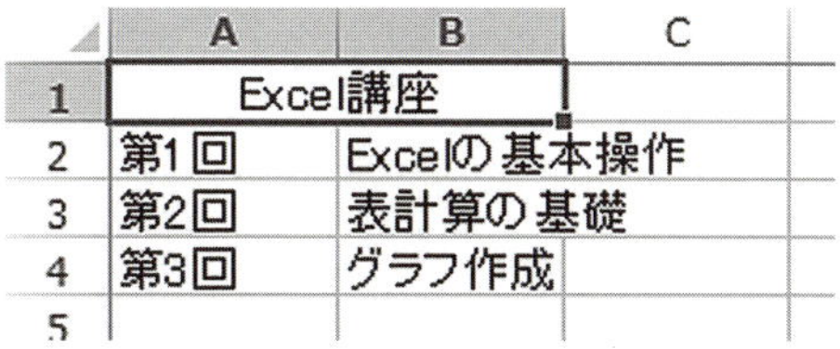

図2.13　セルの結合

ている場合は最も左側のセルの内容が表示されます。

　セルの結合を解除するには，解除したいセルを選択してから「セルを結合して中央揃え」ボタンをクリックします。

2　セルの表示形式

　通常，セルにはキーボードなどから入力した内容がそのまま表示されますが，セルの書式設定を行うことにより表示形式を変更することができます。セルの表示形式を変更するには，ダイアログボックス起動ツール（図2.11 ⑩）をクリックします。クリックすると《セルの書式設定》ダイアログボックスが表示されます（図2.14）。【表示形式】タブを選択することで，セルの書式設定が可能になります。

　また，【ホーム】タブにある『数値』グループのボタンからも表示形式を設定することができます（図2.15）。図2.15 のボタンの意味は次の通りです。

① 　通貨表示形式
　　ドルやユーロ，日本円などの通貨を表示形式とします。
② 　パーセントスタイル
　　パーセントとして書式設定します。

図2.14　セルの書式設定

図2.15　表示形式の設定

③　桁区切りスタイル

　桁区切り記号を付けて書式設定します。

④　小数点以下の表示桁数を増やす

　小数点以下の桁数を増やして，精度を上げた値を表示します。

⑤　小数点以下の表示桁数を減らす

　小数点以下の桁数を減らします。

2.3　ワークシートの書式設定

1　ページ設定の変更

　ワークシートを印刷する際のページレイアウトの設定は，【ページレイアウト】タブから『ページ設定』グループを選択することでできます。印刷する際の余白，印刷の向き，用紙サイズ，印刷範囲，改ページの位置などが設定できます。設定すると，1ページあたりの印刷範囲が破線で表示されます。

　文書にヘッダーやフッターを挿入するには，『ページ設定』グループにあるダイアログボックス起動ツールをクリックして《ページ設定》ダイアログボックスを表示させます。そこから「ヘッダー／フッター」を選択することで設定ができます（図2.16）。

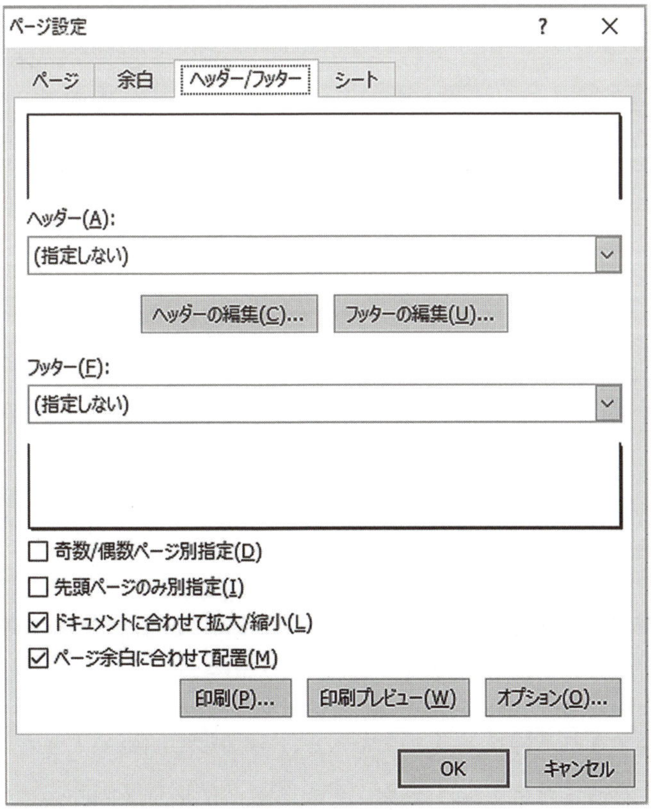

図2.16　ヘッダー／フッターの設定

2 ウィンドウの分割

　表のデータが多くなり，1つの画面ですべてを表示できないときはスクロールを行いますが，上下左右で頻繁にスクロールするのは面倒なだけでなく，作業場所がわからなくなってしまう場合があります。そこで，ウィンドウを分割させることで，1つのシートで同時に4画面に分割させて表示することができます。ウィンドウを分割させるには【表示】タブの『ウィンドウ』グループにある「分割」ボタンをクリックします。クリックするとウィンドウは分割されます（図2.17）。分割されたそれぞれの画面でスクロールすることができます。

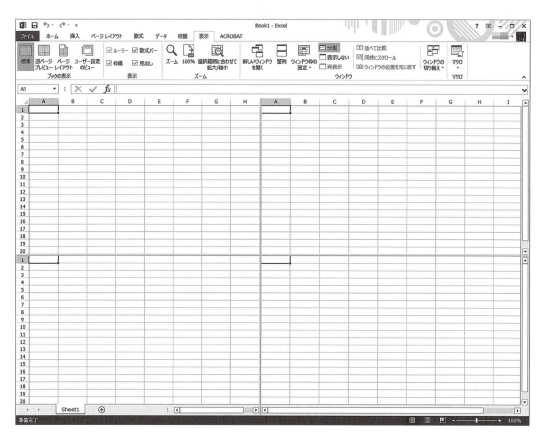

図2.17　ウィンドウの分割

　分割した際に表示される線をドラッグすると，分割した領域の大きさを変更することができます。また，右端または下端へドラッグすることにより2画面への分割に変更することができます。

3 ウィンドウ枠の固定

　表のデータが多くなったとき，上の行や左側の列を固定して表示させたい場合はウィンドウ枠を固定させることで，例えばタイトル行やタイトル列を常に表示させたままで，離れたセルの入力や表示が可能になります。ウィンドウ枠を固定させるには，【表示】タブの『ウィンドウ』グループにある「ウィンドウ枠の固定」ボタンをクリックします。ウィンドウ枠の固定の機能では，アクティブセルよりも上の行および左側の列を固定して表示させる「ウィンドウ枠の固定」，先頭行のみを固定して表示させる「先頭行の固定」，先頭列のみを固定して表示させる「先頭列の固定」から選択することができます。

第 **3** 章　テーブルの作成と設定

3.1　テーブルの作成

　ワークシートの行と列に関連データとしてまとめたものを「テーブル」として，書式設定などの管理を行うことができます。テーブル機能を使用すると，ワークシート内の他の行および列内のデータから独立して，見出し行の設定，集計列や集計行の設定，並べ替えなど，テーブル内の行および列内のデータを管理できます。

　すでに入力されたデータを元にテーブルを作成するには，テーブルにする任意のセルを選択してから【挿入】タブの『テーブル』グループにある「テーブル」ボタンを選択します。このとき，「先頭行をテーブルの見出しとして使用する」のチェックを入れておきます。図3.1（a）のデータは（b）のようなテーブルになります。

	A	B	C	D	E
1	支店別売り上げデータ(単位:万円)				
2					
3		東京支店	大阪支店	福岡支店	
4	4月	2,436	1,972	3,394	
5	5月	1,276	2,214	4,264	
6	6月	3,282	997	1,168	
7	7月	1,683	4,371	739	
8	8月	994	2,264	2,549	
9	9月	1,168	1,169	4,487	
10	10月	3,510	2,298	937	
11	11月	4,462	899	2,975	
12	12月	2,491	4,006	4,162	
13	1月	867	3,281	1,084	
14	2月	2,743	1,697	792	
15	3月	3,544	3,846	4,382	
16					

(a)

	A	B	C	D	E
1	支店別売り上げデータ(単位:万円)				
2					
3	列1 ▼	東京支店 ▼	大阪支店 ▼	福岡支店 ▼	
4	4月	2,436	1,972	3,394	
5	5月	1,276	2,214	4,264	
6	6月	3,282	997	1,168	
7	7月	1,683	4,371	739	
8	8月	994	2,264	2,549	
9	9月	1,168	1,169	4,487	
10	10月	3,510	2,298	937	
11	11月	4,462	899	2,975	
12	12月	2,491	4,006	4,162	
13	1月	867	3,281	1,084	
14	2月	2,743	1,697	792	
15	3月	3,544	3,846	4,382	
16					

(b)

図3.1　テーブルの作成

　作成されたテーブルにある任意のセルをクリックすると，タイトルバーに「テーブルツール」が表示され，【デザイン】タブから『テーブルスタイル』グループにてテーブルスタイルを設定することができます（図3.2）。テーブルスタイルを設定することで，テーブルの色や行ごとの色の組み合わせなどが変更できます。

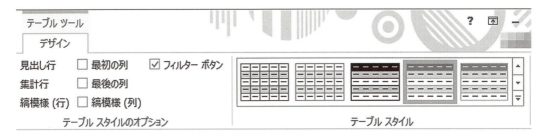

図3.2　テーブルスタイルの設定

『テーブルスタイル』グループで ▼ （その他）ボタンをクリックすると，より多くのスタイルから選択することができます。

3.2　テーブルの書式設定

1　罫線や塗りつぶしの設定

　任意の書式でテーブルを設定することもできます。図3.1（b）に示す表をあらかじめ作成しておきましょう。テーブル内の任意のセルをクリックして『テーブルスタイル』グループで ▼ （その他）ボタンをクリックしてから，「単色」の左上隅にある「なし」を選択します。さらに，【ホーム】タブの『編集』グループにある「並べ替えとフィルター」ボタンをクリックして，「フィルター」のチェックをオフにしておきます。

　テーブルで格子状に罫線を引くには，テーブル全体を範囲選択してから【ホーム】タブの『フォント』グループにある「罫線」ボタンの▼をクリックします。そこから「格子」を選択します（図3.3）。

　「格子」を選択すると，格子状のテーブルが作成されます。また，テーブルを範囲指定したまま「罫線」ボタンの▼をクリックして「外枠太罫線」を選択すると，外枠が太線の格子状のテーブルが作成されます（図3.4）。

　また，任意のセルに任意のスタイルの罫線を引くこともできます。「罫線」ボタンの▼をクリックして，図3.3で表示されるような「線の色」や「線のスタイル」を設定した後に「罫線の作成」を選択すると，マウスポインタの形が鉛筆に変わります。マウスをドラッグすると，ドラッグしたところに指定したスタイルで罫線を引くことができます。罫線の作成をキャンセルするには Esc ボタンを押します。すでに引かれた罫線を削除する

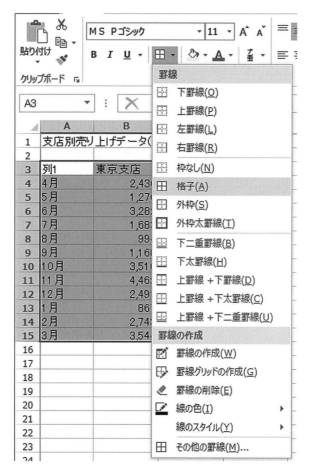

図3.3　罫線の設定

	A	B	C	D	E
1	支店別売り上げデータ(単位：万円)				
2					
3	列1	東京支店	大阪支店	福岡支店	
4	4月	2,436	1,972	3,394	
5	5月	1,276	2,214	4,264	
6	6月	3,282	997	1,168	
7	7月	1,683	4,371	739	
8	8月	994	2,264	2,549	
9	9月	1,168	1,169	4,487	
10	10月	3,510	2,298	937	
11	11月	4,462	899	2,975	
12	12月	2,491	4,006	4,162	
13	1月	867	3,281	1,084	
14	2月	2,743	1,697	792	
15	3月	3,544	3,846	4,382	
16					

図3.4　罫線つきテーブル

には，「罫線」ボタンの▼をクリックして「罫線の削除」をクリックすると，マウスポインタの形が消しゴムに変わります。マウスをドラッグすると，ドラッグした場所の罫線が削除されます。

　セルに塗りつぶしを行うには，該当するセルを選択してから【ホーム】タブの『フォント』グループにある ⬛▼ （「塗りつぶしの色」ボタン）の▼をクリックして色を選択します。ここで，セル A3～D3 を『ゴールド，アクセント 4，白＋基本色 80％』（「テーマの色」における上から 2 行目，左から 8 列目）で塗りつぶしをしてみましょう（図3.5）。

	A	B	C	D	E
1	支店別売り上げデータ(単位:万円)				
2					
3	列1	東京支店	大阪支店	福岡支店	
4	4月	2,436	1,972	3,394	
5	5月	1,276	2,214	4,264	
6	6月	3,282	997	1,168	
7	7月	1,683	4,371	739	
8	8月	994	2,264	2,549	
9	9月	1,168	1,169	4,487	
10	10月	3,510	2,298	937	
11	11月	4,462	899	2,975	
12	12月	2,491	4,006	4,162	
13	1月	867	3,281	1,084	
14	2月	2,743	1,697	792	
15	3月	3,544	3,846	4,382	
16					

図3.5　セルの塗りつぶし

　Microsoft Word と同様に，文字のフォントを設定することができます。Excel の初期設定では，フォント名は「MS P ゴシック」でフォントサイズは 11 ポイントになっています。ここで，セル A1 のフォント名を「HG 丸ゴシック M-PRO」，フォントサイズを 14 ポイントにしてみましょう。また，【ホーム】タブの『フォント』グループにある 🅐▼ （「フォントの色」ボタン）の▼をクリックして文字の色を選択することができます。ここで，セル A1 のフォントの色を『青，アクセント 5』（「テーマの色」における上から 1 行目，左から 9 列目）にしてみましょう。

　セル内の一部の文字のみサイズを変更することもできます。例えば，セル A1 の「（単位：万円）」のみ 10 ポイントにするには，A1 をアクティブセルにして数式バーの「（単位：万円）」を範囲選択してからフォントサイズを「10 ポイント」と設定します（図3.6）。

◢	A	B	C	D	E
1	支店別売り上げデータ (単位：万円)				
2					
3	列1	東京支店	大阪支店	福岡支店	
4	4月	2,436	1,972	3,394	
5	5月	1,276	2,214	4,264	
6	6月	3,282	997	1,168	
7	7月	1,683	4,371	739	
8	8月	994	2,264	2,549	
9	9月	1,168	1,169	4,487	
10	10月	3,510	2,298	937	
11	11月	4,462	899	2,975	
12	12月	2,491	4,006	4,162	
13	1月	867	3,281	1,084	
14	2月	2,743	1,697	792	
15	3月	3,544	3,846	4,382	
16					

図3.6　フォントの設定

2 列や行の挿入と削除

　すでに作成されたテーブルに列や行を挿入することができます。例えば，セル A1 の左に1列，上に1行ほど空白の行を挿入するには，まず列番号 A をクリックして A 列全体を範囲指定してから右クリックして「挿入」を選択します。同様に，行番号1をクリックして1行目全体を範囲指定してから右クリックして「挿入」を選択します（図3.7）。

◢	A	B	C	D	E	F
1						
2		支店別売り上げデータ (単位：万円)				
3						
4		列1	東京支店	大阪支店	福岡支店	
5		4月	2,436	1,972	3,394	
6		5月	1,276	2,214	4,264	
7		6月	3,282	997	1,168	
8		7月	1,683	4,371	739	
9		8月	994	2,264	2,549	
10		9月	1,168	1,169	4,487	
11		10月	3,510	2,298	937	
12		11月	4,462	899	2,975	
13		12月	2,491	4,006	4,162	
14		1月	867	3,281	1,084	
15		2月	2,743	1,697	792	
16		3月	3,544	3,846	4,382	
17						

図3.7　列や行の挿入（1）

また，C列とD列の間に1列追加するには，追加する列の後側であるD列全体を範囲選択してから，右クリックして「挿入」を選択します（図3.8）。同様に，行を1行追加するには，追加する行の後側である行全体を範囲選択してから，右クリックして「挿入」を選択します。挿入する列数（または行数）が複数列（または複数行）ある場合は，挿入する列数（行数）分だけ範囲選択してから「挿入」を選択します。

▲	A	B	C	D	E	F	G
1							
2		支店別売り上げデータ（単位：万円）					
3							
4		列1	東京支店	列2	大阪支店	福岡支店	
5		4月	2,436		1,972	3,394	
6		5月	1,276		2,214	4,264	
7		6月	3,282		997	1,168	
8		7月	1,683		4,371	739	
9		8月	994		2,264	2,549	
10		9月	1,168		1,169	4,487	
11		10月	3,510		2,298	937	
12		11月	4,462		899	2,975	
13		12月	2,491		4,006	4,162	
14		1月	867		3,281	1,084	
15		2月	2,743		1,697	792	
16		3月	3,544		3,846	4,382	
17							

図3.8　列や行の挿入（2）

　列または行を削除するには，削除する列（または行）全体を範囲選択してから右クリックして「削除」を選択します。さきほど挿入したD列全体を削除しておきましょう。

③ 列の幅や行の高さの調整

　列の幅を変更するには，列幅を変更する列の列番号と右側の列の列番号の間にマウスポインタをポイントします。マウスポインタの形が双方向の矢印に変わります。そこで，ドラッグすると任意の列幅に変更することができます。列を複数選択してドラッグすると，選択された列すべての列幅が同一になります。数値を用いて列幅を正確に指定するには，列番号を選択して右クリックし，「列の幅」を選択してから指定することができます。文字列の幅に合わせて列幅を設定するには，マウスポインタの形が双方向の矢印になったときにダブルクリックします。ダブルクリックすると，最も長い文字列に合わせた列幅に設定されます。なお，B列は2行目に長い文字列があります。B列とC列の間をダブルク

リックすると2行目に合わせた列幅になるので、B2の文字列を一旦「折り返して全体を表示する」（図2.11）などで列幅を狭くしておくなどしておきましょう。

　同様に、行の高さを変更するには、高さを変更する行の行番号と下側の行の行番号の間にマウスポインタをポイントします。マウスポインタの形が双方向の矢印に変わります。そこで、ドラッグすると任意の行の高さに変更することができます。行を複数選択してドラッグすると、選択された行すべての高さが同一になります。数値を用いて行の高さを正確に指定するには、行番号を選択して右クリックし、「行の高さ」を選択してから指定することができます。

　ここで、図3.7の表において、列幅を2行目以外で最も長い文字列に合わせ、行の高さを18.00（24ピクセル）に変更してみましょう（図3.9）。

	A	B	C	D	E	F	G
1							
2		支店別売り上げデータ（単位：万円）					
3							
4		列1	東京支店	大阪支店	福岡支店		
5		4月	2,436	1,972	3,394		
6		5月	1,276	2,214	4,264		
7		6月	3,282	997	1,168		
8		7月	1,683	4,371	739		
9		8月	994	2,264	2,549		
10		9月	1,168	1,169	4,487		
11		10月	3,510	2,298	937		
12		11月	4,462	899	2,975		
13		12月	2,491	4,006	4,162		
14		1月	867	3,281	1,084		
15		2月	2,743	1,697	792		
16		3月	3,544	3,846	4,382		
17							
18							

図3.9　列の幅や行の高さの調整

4　列や行の表示と非表示

　列や行は一時的に表示させなくすることができます。非表示にしても、データそのものは残っていますので、必要なときに再表示させれば元の表示に戻すことができます。

　図3.9において、C列とD列を非表示にするには、C列とD列を範囲選択してから右

クリックして「非表示」を選択します。図3.10に示すように，C列とD列が表示されず，B列の右隣がE列になっています（C列とD列そのものは削除されずにデータは残っています）。

	A	B	E	F	G	H	I
1							
2		支店別売り上げデータ (単位：万円)					
3							
4		列1	福岡支店				
5		4月	3,394				
6		5月	4,264				
7		6月	1,168				
8		7月	739				
9		8月	2,549				
10		9月	4,487				
11		10月	937				
12		11月	2,975				
13		12月	4,162				
14		1月	1,084				
15		2月	792				
16		3月	4,382				
17							

図3.10 列の非表示

図3.10において，B列とE列の間の列（非表示になっているC列とD列）を再表示させるには，B列とE列を範囲選択してから右クリックして「再表示」を選択します。

同様に，行を非表示にするには，非表示にしたい行を範囲選択してから右クリックして「非表示」を選択します。再表示させる場合も，列同様に再表示させたい行の前後の行を範囲選択してから右クリックして「再表示」を選択します。

3.3 練習問題

（1）Excel を用いて，自分の時間割表を作成してみましょう。

（2）就職活動やアルバイトなどで活用できる履歴書を作成してみましょう。

第 **4** 章　関数の基礎

4．1　関数とは

　関数とは，あらかじめ定義された数式を呼びます。関数は，関数名と引数（関数で必要な変数）で構成されます。関数の利用方法は，数式と同じく結果を表示したいセルに次のように記述します。

　　＝関数名（引数）　　　　　または　　　　　＝関数名（引数１，引数２，引数３，…）

　※引数は，関数によって，複数指定したり省略したりする場合があります。

　※引数は，数式や関数，値（数値や文字），参照セルを入力できます。

4．2　関数の入力

　あらかじめファイル"練習 04-01.xlsx"を USB に複製し，開いておきましょう。

1　関数の入力方法

関数を入力するには，次に示す３通りの方法があります。

①　Σ・　　"合計"ボタンを使う

②　f_x　　"関数の挿入"ボタンを使う

③　キーボードで直接入力する

（1）"合計"ボタンを使う

　よく利用される関数（合計や平均など）が簡単に設定できます。

　$\boxed{\Sigma\!\cdot\!}$　記号（Σ）の部分をクリックすると，SUM（合計を求める）関数が設定され，引数を指定するだけで計算式が完成します。合計を求める以外の関数を使用する場合，記号（▼）の部分をクリックすると，プルダウンメニューが表示され，表4．1に示す機能が設定できます。

表4．1　合計ボタンのプルダウンメニューリスト

機　能	関数名	機　能
合　計	SUM	合計を求めます
平　均	AVERAGE	平均値を求めます
数値の個数	COUNT	数値が入っているセルの個数を数えます
最大値	MAX	最大値を求めます
最小値	MIN	最小値を求めます
その他の関数	———	《関数の挿入》ダイアログボックス（図4．1参照）が表示されます

（2）"関数の挿入"ボタンを使う

　数式バーの　$\boxed{fx}$　（関数の挿入）ボタンをクリックすると，《関数の挿入》ダイアログボックス（図4．1参照）が表示され，関数を簡単に設定できます。

図4．1　関数の挿入ダイアログボックス

（3）キーボードで直接入力する

　数式や値の入力方法と同様に，関数をキーボードから直接入力できます。関数名や引数がわかっている場合には，直接入力した方が効率的な場合があります。

② 　総和を求める（SUM 関数）

　SUM 関数とは，セル範囲に含まれる数値をすべて合計します。

　　書式：　　=SUM（数値 1［, 数値 2］［, 数値 3］［, …］）

　　　　　　　引数は，1 つ以上必要であり，数値や数値を含む名前，配列，セル参照を指定できます。具体的な引数の指定方法として，セル A1 から A5 をセル範囲とする場合，はじめのセル A1 とおわりのセル A5 との間に半角の：（コロン）を挿入します（"A1:A5" と入力します）。セル A1 と B5 のように離れたセルを指定する場合，セル A1 とセル B5 との間に半角の，（カンマ）を挿入します（"A1,B5" と入力します）。

（1）合計を関数で求める（SUM 関数① $\boxed{\Sigma \blacktriangledown}$ ボタン）

【例題 1】受験者（セル A5）の合計点を求め，セル G5 に表示させましょう。

　　　　① 　結果を表示するセル（G5）をクリックし，アクティブセルにします。
　　　　② 　$\boxed{\Sigma \blacktriangledown}$ 記号（Σ）の部分をクリックします。
　　　　　　　…　コンピュータが自動的に範囲を選択します。
　　　　③ 　セル B5 から F5 をドラッグして範囲を指定します。
　　　　　　　…　引数には B5:F5 と表示されます。
　　　　④ 　$\boxed{\text{Enter}}$ キーを押して計算式を確定します。
　　　　　　　…　計算結果（合計点の "186"）が表示されます。
　　　　　　　…　数式バーには，計算式を示す "=SUM(B5:F5)" が表示されます。

（2）合計を関数で求める（SUM 関数② $\boxed{fx}$ ボタン）

【例題 2】受験者（セル A6）の合計点を求め，セル G6 に表示させましょう。

　　　　① 　結果を表示するセル（G6）をクリックし，アクティブセルにします。

② f_x （関数の挿入）ボタンをクリックします。

… 《関数の挿入》ダイアログボックスが表示されます。

③ ［関数の検索］欄に "合計" と入力し "検索開始" ボタンをクリックします。

… 関数名の一覧に，関連した関数がリストアップされます。

④ ［関数名］のリストから "SUM" を選択し，$\boxed{\text{OK}}$ ボタンをクリックします。

… 《関数の引数》ダイアログボックス（図4.2参照）が表示されます。

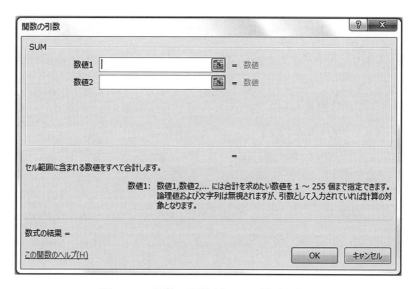

図4.2　関数の引数ダイアログボックス

⑤ ［数値1］欄にカーソルを移動し，範囲をドラッグして選択します。

… 計算結果（合計点の "157"）が表示されます。

※テキストボックスに範囲を直接入力することもできます。

※テキストボックス右の 🔲 （ダイアログ縮小）ボタンをクリックすると，
ダイアログボックスが小さく表示され，ドラッグ（範囲選択）しやすく
なります。

（3）キーボードで直接入力して合計を求める（SUM関数③　手入力）

【例題3】受験者（セルA7）の合計点を求め，セルG7に表示させましょう。

① 結果を表示するセル（G7）をクリックし，アクティブセルにします。

② セル G7 に，"=sum(B7:F7)" と入力します。

※すべて半角文字で入力しましょう。

③ Enter キーを押して計算式を確定します。

… 計算結果（合計点の "175"）が表示されます。

3 罫線が設定されているセルの移動や複製

　セルの内容を複製する場合，書式（フォントや色，罫線など）も複製されてしまい，設定した罫線が崩れる場合があります。それを解消するため，次に示す方法で複製を行います。

【例題 4】セル G7 の計算式をセル G8 から G20 に複製しましょう。

（2 種類の複製方法を行いましょう）

＜方法 A＞　オートフィル（第 2 章参照）による複製

① 複製元となるセル（G7）をクリックし，アクティブセルにします。

② フィルハンドルをセル G20 までドラッグします。

… オートフィルオプションが表示されます。

③ ◨▾ （オートフィルオプション）をクリックします。

… オプションメニューが表示されます。

④ オプションメニューから［書式なしコピー］をクリックします。

… セルの内容のみが複製され，罫線が崩れません。

＜方法 B＞　コピー＆ペーストによる複製

① 複製元となるセル（G7）をクリックし，アクティブセルにします。

② 🗐 （コピー）ボタンをクリックします。

③ 複製先をドラッグして選択します。

④ 📋 （貼り付け）ボタン下の▼をクリックします。

貼り付け　※▼をクリックしないと書式を含めた貼り付けになります。その場合は，🗐（貼り付けオプション）で 📋 （数式）を選択しましょう。

⑤ 　　 $\boxed{f_x}$ 　（数式）を選択（クリック）します。

④ 平均値を関数で求める（AVERAGE 関数）

AVERAGE 関数とは，引数の平均値を返します。

書式： 　**=AVERAGE（数値 1 ［, 数値 2］［, 数値 3］, …）**

　　　　引数は， 1 つ以上必要であり，数値や数値を含む名前，配列，セル参照を指定できます。複数の引数を指定する場合は，SUM 関数と同様に，（カンマ）で区切ります。

　　　　計算式は，論理値および文字列，空白セルは無視されますので，（引数で指定した数値の総和)÷(総和した個数）で計算されます。

【例題 5】必須科目・外国語（セル B5 から B20）の平均点を求め，セル B21 に表示させましょう。

① 　結果を表示するセル（B21）をクリックし，アクティブセルにします。

② 　$\boxed{\Sigma \;\blacktriangledown}$ 　記号（▼）の部分をクリックします。

　　… 　プルダウンメニューが表示されます。

③ 　メニューから［平均］をクリックします。

④ 　引数の指定は，セル B5 から B20 をドラッグして範囲を指定します。

　　… 　引数には B5:B20 と表示されます。

⑤ 　$\boxed{\text{Enter}}$ キーを押して計算式を確定します。

　　… 　計算結果（平均値の "75"）が表示されます。

　　… 　数式バーには，計算式を示す "=AVERAGE(B5:B20)" が表示されます。

⑤ 最高点を関数で求める（MAX 関数）

MAX 関数とは，引数の最大値を返します。

書式： 　**=MAX（数値 1 ［, 数値 2］［, 数値 3］, …）**

　　　　引数は， 1 つ以上必要であり，数値や数値を含む名前，配列，セル参照を指定できます。複数の引数を指定する場合は，SUM 関数と同様に，（カンマ）で区切ります。

論理値および文字列は無視されます。

【例題6】 必須科目・外国語（セル B5 から B20）の最高点を求め，セル B22 に表示させましょう。

① 結果を表示するセル（B22）をクリックし，アクティブセルにします。

② $\boxed{\Sigma \, \cdot}$ 記号（▼）の部分をクリックします。

　　… プルダウンメニューが表示されます。

③ メニューから［最大値］をクリックします。

④ 引数の指定は，セル B5 から B20 をドラッグして範囲を指定します。

　　… 引数には B5:B20 と表示されます。

⑤ $\boxed{\text{Enter}}$ キーを押して計算式を確定します。

　　… 計算結果（最大値の "97"）が表示されます。

　　… 数式バーには，計算式を示す "=MAX(B5:B20)" が表示されます。

6 最低点を関数で求める（MIN 関数）

MIN 関数とは，引数の最小値を返します。

　書式： **=MIN（数値1 ［, 数値2］［, 数値3］, …）**

　　　　引数は，1つ以上必要であり，数値や数値を含む名前，配列，セル参照を指定できます。複数の引数を指定する場合は，SUM 関数と同様に , （カンマ）で区切ります。

　　　　論理値および文字列は無視されます。

【例題7】 必須科目・外国語（セル B5 から B20）の最低点を求め，セル B23 に表示させましょう。

① 結果を表示するセル（B23）をクリックし，アクティブセルにします。

② $\boxed{\Sigma \, \cdot}$ 記号（▼）の部分をクリックします。

　　… プルダウンメニューが表示されます。

③ メニューから［最小値］をクリックします。

④ 引数の指定は，セル B5 から B20 をドラッグして範囲を指定します。

　　… 引数には B5:B20 と表示されます。

⑤　Enter キーを押して計算式を確定します。

　　…　計算結果（最小値の "60"）が表示されます。

　　…　数式バーには，計算式を示す "=MIN(B5:B20)" が表示されます。

⑥　セル B21 から B23 をセル C21 から F23 に複製して，すべての選択科目の平均点，最高点，最低点を表示させましょう。

7　数値が入っているセルの個数を求める（COUNT 関数）

COUNT 関数とは，範囲内の数値が含まれるセルの個数を返します。

　書式：　**=COUNT（値 1 [, 値 2] [, 値 3], …）**

　　　引数は，1 つ以上必要であり，数値や数値を含む名前，配列，セル参照を指定できます。複数の引数を指定する場合は，SUM 関数と同様に，（カンマ）で区切ります。

　　　論理値および文字列は無視されます。

【例題 8】受験者数を求め，セル B26 に表示させましょう。必須科目・外国語（セル B5 から B20）の数値が入力されているセルの個数を求めましょう。

①　結果を表示するセル（B26）をクリックし，アクティブセルにします。

②　Σ ▾ 記号（▼）の部分をクリックします。

　　…　プルダウンメニューが表示されます。

③　メニューから［数値の個数］をクリックします。

④　引数の指定は，セル B5 から B20 をドラッグして範囲を指定します。

　　…　引数には B5:B20 と表示されます。

⑤　Enter キーを押して計算式を確定します。

　　…　計算結果（"14"）が表示されます。

　　…　数式バーには，計算式を示す "=COUNT(B5:B20)" が表示されます。

⑥　セル B26 をセル C26 から F26 に複製して，すべての選択科目の受験者数を表示させましょう。

COUNTA 関数とは，範囲内の空白でないセルの個数を返します。

　　書式：　　**=COUNTA（値 1 [, 値 2] [, 値 3], …）**

　　　　　　　引数は，1 つ以上必要であり，数値や数値を含む名前，配列，セル参照を指
　　　　　　　定できます。複数の引数を指定する場合は，SUM 関数と同様に, （カンマ）
　　　　　　　で区切ります。

【例題 9】申込者数を求め，セル A26 に表示させましょう。氏名欄（セル A5 から A20）
　　　　　に氏名が入力されているセルの個数を求め，セル A26 に表示させましょう。

①　結果を表示するセル（A26）をクリックし，アクティブセルにします。

②　$\boxed{\Sigma \cdot}$ 記号（▼）の部分をクリックします。

　　… プルダウンメニューが表示されます。

③　メニューから［その他の関数］をクリックします。

④　［関数の検索］欄に“個数”と入力します。

⑤　［関数名］のリストから“COUNTA”を選択し，“OK”ボタンをクリッ
　　クします。

　　… 《関数の引数》ダイアログボックス（図 4.2 参照）が表示されます。

⑥　［値 1］欄にカーソルを移動し，範囲（セル A5 から A20）をドラッグして
　　選択します。

　　… 計算結果（“15”）が表示されます。

9 オートカルク

　オートカルクとは，合計や平均などの簡単な計算結果をステータスバーに一時的に表示
する機能です。セル範囲をドラッグするだけで計算結果が確認できるので，関数を入力す
る手間も省けます。検算などに用いると有効です。

　オートカルクの設定方法は，ステータスバーを右クリックして“ステータスバーのユー
ザー設定”を開き，項目名［平均］から［合計］までで必要な項目に $\boxed{✓}$（レ点）を付け

ます。

　利用方法は，セル範囲をドラッグして範囲指定するだけで，計算結果がステータスバーに表示されます。

4.3　相対参照と絶対参照

　計算式や関数でセル参照する場合，①相対参照，②絶対参照，③複合参照の3つに大別されます。特に，計算式が入力されているセルの複製や移動を行う場合，行や列の追加・削除を行う場合など，参照するセルの列番号や行番号が変化するので注意しましょう。

1 相対参照

　相対的に変化するセルを参照する意味を持ち，式を複製すると計算式の内容は変化させず，参照するセル番地が変化します。このようなセルの参照方法を**相対参照**と呼びます。

【例題10】新規のワークシートで相対参照を行ってみましょう。

	A	B	C
1	100	200	100
2	200	400	
3	300	600	

（C列の式）
=A1

例えば，セルC1に"=A1"と入力して，オートフィルでセルC2からC3まで複製した場合を考えてみましょう。

	A	B	C
1	100	200	100
2	200	400	200
3	300	600	300

（C列の式）
=A1
=A2
=A3

それぞれの式を表示すると左の通りです。セルC2の式は"=A2"と変化し，セルC3の式は"=A3"と変化しています。

　これは，C1の位置から2つ左のセルの内容を表示することとなっており，複製した時にC2の位置から2つ左のセル（A2），C3の位置から2つ左のセル（A3）をそれぞれ参照していることとなります。

【例題11】続けて相対参照を行ってみましょう。

	A	B	C	D
1	100	200		
2	200	400	100	
3	300	600		

（C 列の式）	（D 列の式）
=A1	

例えば，セル C2 に "=A1" と入力して，セル D3 に複製した場合を考えてみましょう。

	A	B	C	D
1	100	200		
2	200	400	100	
3	300	600		400

（C 列の式）	（D 列の式）
=A1	
	=B2

式を表示すると左の通りです。セル D3 の式は "=B2" と変化します。

これは，セル C2 の位置から 2 つ左で 1 つ上のセルを参照して表示することとなっており，複製した時に D3 の位置から 2 つ左で 1 つ上のセル（B2）を参照していることとなります。

【例題12】さらに続けて相対参照を行ってみましょう。

計算式でも同様に，それぞれのセル参照する位置が複製されると参照位置が変化します。

	A	B	C
1	100	200	300
2	200	400	
3	300	600	

（C 列の式）
=A1+B1

例えば，セル C1 に "=A1+B1" と入力して，オートフィルでセル C2 から C3 まで複製した場合を考えてみましょう。

	A	B	C
1	100	200	300
2	200	400	600
3	300	600	900

（C 列の式）
=A1+B1
=A2+B2
=A3+B3

それぞれの式を表示すると左の通りです。セル C2 の式は "=A2+B2" と変化し，セル C3 の式は "=A3+B3" と変化しています。

セル C1 の式をセル C2 から C3 に複製した場合，計算式が変化する理由は，参照するセルが相対的な位置を示しているからなのです。C1 の式を解説すると，"A1（C1 から見て 2 つ左のセル）＋B1（C1 から見て 1 つ左のセル）の和を求め

る"という計算式なのです。したがって，セル C2 の式は C2 から見て 2 つ左
のセル（A2）＋C2 から見て 1 つ左のセル（B2），すなわち A2＋B2 に変化して
いるのです。C3 も同じ理由で A3＋B3 に変化することになります。

参考までに，セル C1 の計算式をセル D1 に複製した場合，セル D1 の式は "B1
（D1 から見て 2 つ左のセル）＋C1（D1 から見て 1 つ左のセル）の和を求める"とい
う計算式となります。

② 絶対参照

相対的に変化しないセルを参照することも可能です。参照する列番号と行番号の前にそ
れぞれ "＄（ドル）記号" を入力します。すると特定のセルを参照することとなります。
このようなセルの参照方法を**絶対参照**と呼びます。

【例題 13】新規のワークシートで絶対参照を行ってみましょう。

	A	B	C
1	100	200	100
2	200	400	
3	300	600	

（C 列の式）

=$A$1

例えば，セル C1 に "=$A$1" と入力して，
オートフィルでセル C2 から C3 まで複製し
た場合を考えてみましょう。

	A	B	C
1	100	200	100
2	200	400	100
3	300	600	100

（C 列の式）

=$A$1
=$A$1
=$A$1

それぞれの式を表示すると左の通りです。
セル C2 の式は "=$A$1"，セル C3 の式は
"=$A$1" と，参照するセルが変化しません。

これは，C1 が参照するセルは $A$1 と列番号も行番号も固定されているから
です。複製した時にも，列番号と行番号が固定された A1 を参照することとな
ります。よって，C2 も C3 も $A$1 を参照することになります。

【例題 14】続けて絶対参照を行ってみましょう。

	A	B	C	D
1	100	200		
2	200	400	100	
3	300	600		

（C 列の式）	（D 列の式）
=$A$1	

例えば，セル C2 に "=$A$1" と入力して，セル D3 に複製した場合を考えてみましょう。

	A	B	C	D
1	100	200		
2	200	400	100	
3	300	600		100

（C 列の式）	（D 列の式）
=$A$1	
	=$A$1

式を表示すると左の通りです。セル D3 の式は "=$A$1" と参照するセルが変化しません。

これは，C2 が参照するセルは $A$1 と列番号も行番号も固定されているからです。複製した時にも，列番号と行番号が固定された A1 を参照することとなります。よって，D3 は $A$1 を参照することになります。

【例題 15】さらに続けて絶対参照を行ってみましょう。

計算式でも同様に，相対参照と絶対参照で参照するセルがどのように変化するのかを確かめましょう。

	A	B	C
1	100	200	300
2	200	400	
3	300	600	

（C 列の式）
=A1+$B$1

例えば，セル C1 に "=A1+$B$1" と入力して，オートフィルでセル C2 から C3 まで複製した場合を考えてみましょう。

	A	B	C
1	100	200	300
2	200	400	400
3	300	600	500

（C 列の式）
=A1+$B$1
=A2+$B$1
=A3+$B$1

それぞれの式を表示すると左の通りです。セル C2 の式は "=A2+$B$1" と変化し，セル C3 の式は "=A3+$B$1" と変化しています。

セル C1 の式をセル C2 から C3 に複製した場合，A1 は相対参照なので計算式が変化します。しかしながら，$B$1 は列も行も固定した値なので変化しません。

参考までに，セル C1 の計算式をセル D1 に複製した場合，セル D1 の式は "B1（D1 から見て 2 つ左のセル）＋$B$1（固定）の和を求める" という計算式となります。

③ 複合参照

これまで相対参照と絶対参照を説明しましたが，列番号や行番号のいずれかを固定する場合があります。このようなセルの参照方法を**複合参照**と呼びます。

【例題 16】新規のワークシートで複合参照を行ってみましょう。

下に示す列と行の交差するセルに行と列の和を求める計算式を考えてみましょう。

	A	B	C	D	E
1		100	200	300	400
2	100				
3	200				
4	300				
5	400				

左の表を作成し，セル B2 に "=$A2+B$1" と式を入力して，オートフィルでセル B2 から E5 まで複製した場合を考えてみましょう。

	A	B	C	D	E
1		100	200	300	400
2	100	200	300	400	500
3	200	300	400	500	600
4	300	400	500	600	700
5	400	500	600	700	800

結果は左の通りとなります。
列番号と行番号，それぞれを固定すると，複雑な参照ができることがわかります。

参考までに，セル B2 の式をセル C2 に複製した場合，式は "=$A2+C$1" と変化します。B3 に複製した場合，"=$A3+B$1" に変化します。

※"$" は直接入力できますが，数式バーや F2 キーを使って数式を表示して，変更したいセル番地にカーソルを合わせて F4 キーを複数回押すと，"A1（相対参照）" → "$A$1（絶対参照）" → "A$1（行番号のみ固定）" → "$A1

（列番号のみ固定）"→ "A1"→ …と "$" が順番に切り替わります。

※作成した表を閉じましょう。

あらかじめ，ファイル"練習 04-02.xlsx"を USB に複製し，開いておきましょう。

【例題 17】相対参照を考えながら，週報の上段を完成させましょう。

① セル C10 にセル C5 から C9 の合計を求めます。

② セル C10 の計算式をオートフィルでセル I10 まで複製します。

③ セル J5 にセル C5 から I5 の合計（SUM 関数）を求めます。

④ セル K5 に B5*J5 の計算式を入力し，金額を求めます。

⑤ セル J5 から K5 をオートフィルでセル K9 まで複製します。

【例題 18】絶対参照を考えながら，週報の下段を完成させましょう。

① セル C10 の計算式をセル C22 から I22 まで複製します。

② セル J5 の計算式をセル J17 から J21 に複製します。

③ セル K17 に "=$D$13*J17" の計算式を入力し，金額を求めます。

④ セル K17 をオートフィルでセル K21 まで複製します。

⑤ 支払い金額欄（セル J1）に "セル K5 から K9" と "セル K17 から K21" の合計を求めます（計算式は "=SUM(K5:K9,K17:K21)"）。

練習 4 － 1 （ファイル名：練習 04-01.xlsx） 完成図

入学試験 ＜結果＞

	必須科目	選択科目				合計点
氏名	外国語	国語	数学	理科	社会	
有川	90			92		182
伊藤	68				89	157
大山	85	75				160
柏本	60			84		144
加藤	62		78			140
亀田	83		83			166
川崎	65			77		142
後藤	82	80				162
近藤	67			79		146
寺西	72				74	146
中本	68		90			158
西崎	97				86	183
秦田	72	94				166
山川						0
山本	79		81			160
						0
平均点	75	83	83	83	83	
最高点	97	94	90	92	89	
最低点	60	75	78	77	74	
申込者数	受験者数	国語選択	数学選択	理科選択	社会選択	
15	14	3	4	4	3	

練習 4 - 2 （ファイル名：練習 04-02.xlsx） 完成図

週報（アルバイト）

支払い金額 ￥165,600

氏名	時給	勤務時間							時間計	金額
		月	火	水	木	金	土	日		
尾野	1,200		3.5	8.5		3.5	3.5	3.5	22.5	27,000
吉本	1,000	8.5	8.0				8.5	8.0	33.0	33,000
中川	1,000				8.5	8.0	8.0	8.5	33.0	33,000
笠岸	900	5.0		4.0	5.0		4.0	4.0	22.0	19,800
									0.0	0
計		13.5	11.5	12.5	13.5	11.5	24.0	24.0		

新人アルバイト ※時給は、一律 800 円とします。

氏名	勤務時間							時間計	金額
	月	火	水	木	金	土	日		
加賀	6.0	6.0	5.0	5.0	5.0			27.0	21,600
竹田				3.0	3.0	5.5	8.0	19.5	15,600
御岳			3.0		3.0	8.0	5.5	19.5	15,600
								0.0	0
								0.0	0
計	6.0	6.0	8.0	8.0	11.0	13.5	13.5		

第 5 章　関数による条件分岐

5.1　関数の入力

あらかじめ，ファイル"練習 05-01.xlsx"を USB に複製して，開いておきましょう。

① 四捨五入（ROUND 関数）

ROUND 関数とは，数値を指定した桁数に四捨五入した値を返します。

書式： **=ROUND（数値，桁数）**

　　　数値：数値や数値を含む名前，配列，セル参照を指定できます。

　　　桁数：小数点以下の桁数を数値で指定します（ゼロや負の数を入力しても動作します）。

　　　具体的には，数値 123.456 が設定されている場合，桁数を"1"に設定すると 123.5 が結果となり，桁数を"-1"に設定すると 120 が結果となります。

　　　※『数値』グループの小数点以下の表示桁数の増減は，実際の数値は変更されず表示される数値のみ変化しますが，ROUND 関数では数値そのものが変化しますので注意！

　　　※負の数を四捨五入する場合，5 未満の数値は切り捨てられて元の数値より大きくなり，5 以上の数値は切り上げられて元の数より小さくなりますので注意！

【例題 1】平均点をセル F4 に表示しましょう。小数点以下 1 桁目を四捨五入してセル G4 に表示しましょう。

　　① 平均点を表示するセル（F4）をクリックし，アクティブセルにします。

　　② AVERAGE 関数を使い，セル C4 から E4 の平均点を求めます。

　　　※計算式"=AVERAGE(C4:E4)"と入力します。

③　四捨五入して表示するセル（G4）をアクティブセルにします。

④　"=ROUND(F4,0)" と入力し，Enter キーを押します。

　　…　F4 の結果を小数点以下 1 桁で四捨五入して表示されます。

② 切り上げ（ROUNDUP 関数）

ROUNDUP 関数とは，数値を指定した桁数に切り上げした値を返します。

書式：　**=ROUNDUP（数値，桁数）**

数値：数値や数値を含む名前，配列，セル参照を指定できます。

桁数：小数点以下の桁数を数値で指定します（ゼロや負の数を入力しても動作します）。

具体的には，数値 123.456 が設定されている場合，桁数を "1" に設定すると 123.5 が結果となり，桁数を "-1" に設定すると 130 が結果となります。

※『数値』グループの小数点以下の表示桁数の増減は，実際の数値は変更されず表示される数値のみ変化しますが，ROUNDUP 関数では数値そのものが変化しますので注意！

※負の数を切り上げする場合，0 以外の数値は切り上げられて元の数より小さくなりますので注意！

【例題 2】セル F4 で求めた平均点について，小数点以下 1 桁目を切り上げてセル H4 に表示しましょう。

①　切り上げして表示するセル（H4）をアクティブセルにします。

②　"=ROUNDUP(F4,0)" と入力し，Enter キーを押します。

　　…　F4 の結果を小数点以下 1 桁で切り上げして表示されます。

③ 切り捨て（ROUNDDOWN 関数）

ROUNDDOWN 関数とは，数値を指定した桁数に切り捨てした値を返します。

書式：　**=ROUNDDOWN（数値，桁数）**

数値：数値や数値を含む名前，配列，セル参照を指定できます。

桁数：小数点以下の桁数を数値で指定します（ゼロや負の数を入力しても動作

します）。

　　具体的には，数値 123.456 が設定されている場合，桁数を "1" に設定すると 123.4 が結果となり，桁数を "-1" に設定すると 120 が結果となります。

　　※『数値』グループの小数点以下の表示桁数の増減は，実際の数値は変更されず表示される数値のみ変化しますが，ROUNDDOWN 関数では数値そのものが変化しますので注意！

　　※負の数を切り捨てする場合，0 以外の数値は切り捨てられて元の数より大きくなりますので注意！

【例題 3】セル F4 で求めた平均点について，小数点以下 1 桁目を切り捨ててセル I4 に表示しましょう。

　① 切り捨てして表示するセル（I4）をアクティブセルにします。

　② "=ROUNDDOWN(F4,0)" と入力し，Enter キーを押します。
　　…F4 の結果を小数点以下 1 桁で切り捨てして表示されます。

　③ セル G4 から I4 を選択し，オートフィルで I20 まで計算式を複製して，すべての学生の四捨五入，切り上げ，切り捨てを表示させましょう。
　　※罫線が乱れないように注意！

4 整数化（INT 関数）

INT 関数とは，小数点以下を切り捨てて整数にした値を返します。

　書式：　=INT（数値）

　　数値：数値や数値を含む名前，配列，セル参照を指定できます。

　　具体的には，数値 "123.456" が設定されている場合，結果は "123" が返されます。負の数値 "-123.456" が設定されている場合，結果は "-124" が返されます。

　　※『数値』グループの小数点以下の表示桁数の増減は，実際の数値は変更されず表示される数値のみ変化しますが，INT 関数では数値そのものが変化しますので注意！

5.2 条件における判断

① 条件分岐（IF 関数）

　条件分岐とは，指定した条件（論理式）に対して，"満たしている（真の場合）"と"満たしていない（偽の場合）"で異なった処理を行います（図5.1参照）。条件分岐では，一般的に IF 関数を用います。

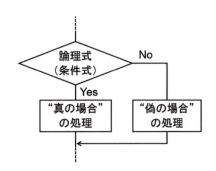

図5.1　条件分岐の流れ図（フローチャート）

　書式：　**=IF（論理式，真の場合，偽の場合）**

　　　　　論理式：左辺と右辺，その間に演算子（比較演算子）を用います。左辺および右辺には，セル参照や数値，関数，文字列などが指定できます。文字列の場合は，文字列の前後を"○○○"（ダブルクォーテーション）で囲みます。演算子には，半角記号の"="や"<"，">"を用います（表5.1参照）。

　　　　　"真の場合"や"偽の場合"は，数値や数式（関数を含む），文字列など，処理する内容を記述します。文字列を表示する場合，文字列の前後を"○○○"（ダブルクォーテーション）で囲みます。何も処理しない場合，""ダブルクォーテーションを続けて2つ記述します。

　【例題4】失格判定をしましょう。J 列の数値が 10 未満のセルについて「失格」とし，K 列に失格として"S"を表示させましょう（J 列の数値が 10 以上ならば何も表示

表5.1 比較演算子

演算子	説　明	例
＝	左辺と右辺が等しい	Ａ1＝Ｂ1
＞	左辺が右辺より大きい	Ａ1＞Ｂ1
＜	左辺が右辺より小さい	Ａ1＜Ｂ1
＞＝	左辺が右辺以上	Ａ1＞＝Ｂ1
＜＝	左辺が右辺以下	Ａ1＜＝Ｂ1
＜＞	左辺と右辺が等しくない	Ａ1＜＞Ｂ1

※以上または以下の場合，"＜"または"＞"の後に"＝"を付けます。
※等しくない場合，"＜"の後に"＞"を付けます。

しない（""）として，それ以外ならば"S"と表示しましょう）。

① 失格判定を表示するセル（K4）をクリックし，アクティブセルにします。

② "=IF(J4>=10,"","S")"と入力し，Enter キーを押します。

　… セルJ4が10以上の数値なので，K4には何も表示されません。数式
　　バーで内容を確認しましょう。

③ オートフィルでK4の数式をK5からK20に複製します。

　… J列の内容が10未満のセルに対応したK列に"S"が表示されます。

❷ ネスト（入れ子）

　関数の中に関数を組み込むことを"ネスト"または"入れ子"と呼びます。

　IF関数では，論理式で真と偽の場合で2分岐となりますが，図5.2のように，結果を3通りで処理したい場合，IF関数を2回行うと，2つの論理式で3分岐できます。

【例題5】L列の評価欄にF列の平均点をランク分けしましょう。ランク分けは，80点以上であれば"A"，80点未満60点以上であれば"B"，それ以外の点数（60点未満）であれば"C"と表示されるようにします。

① 評価を表示するセル（L4）をクリックし，アクティブセルにします。

② セルF4の数値が80以上で"A"と判定するので，"=IF(F4>=80,"A","")"と入力し，Enter キーを押します。

　… セルF4が80以上ではないので，L4には何も表示されません。

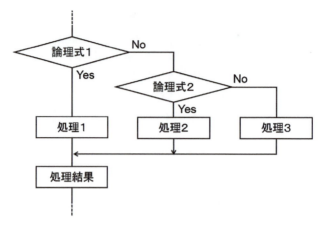

図5.2　ネストの流れ図（フローチャート）

③　数式バーまたは F2 キーで数式を編集します。

④　②の IF 関数の偽の場合で処理される計算式を "IF(F4>=60,"B","C")" と
　　入力し，Enter キーを押します。
　　※セル L4 の数式は "=IF(F4>=80,"A", IF(F4>=60,"B","C"))" となりま
　　す。
　　…　処理結果として，80 未満で 60 以上の数値なので，"B" と表示されます。

⑤　オートフィルで L4 の数式を L5 から L20 に複製します。
　　…　それぞれの平均点（F 列）に対応した A から C のランク分けがされます。

3　論理演算子を利用した複雑な式（AND 関数，OR 関数）

IF 関数の論理式には，論理演算を行うことができます。指定する場合，2 つ以上の論
理式を "同時に満たす場合" や "いずれかを満たす場合"，"真偽の条件結果を否定（反転）
させる場合" など，論理演算を行う関数があります。Microsoft Excel では，（1）AND
関数，（2）OR 関数，（3）NOT 関数，（4）XOR 関数があらかじめ用意されています。

（1）AND 関数（論理積）
複数の論理式をすべて満たす場合は "真（TRUE）" を返します。いずれか 1 つでも満
たされない場合は "偽（FALSE）" を返します（図5.3，表5.2参照）。日本語で表現する
ならば，"かつ" を表します。

書式：　=AND（論理式1，論理式2，…）

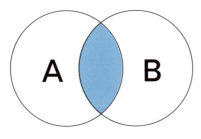

図5.3　ベン図（AND）

表5.2　真理値表（AND）

A	B	AND
偽（FALSE）	偽（FALSE）	偽（FALSE）
偽（FALSE）	真（TRUE）	偽（FALSE）
真（TRUE）	偽（FALSE）	偽（FALSE）
真（TRUE）	真（TRUE）	真（TRUE）

（2）OR関数（論理和）

　複数の論理式で1つでも満たされる場合は"真（TRUE）"を返します。すべて満たされない場合は"偽（FALSE）"を返します（図5.4，表5.3参照）。日本語で表現するならば，"または"を表します。

書式：　=OR（論理式1，論理式2，…）

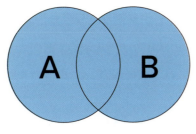

図5.4　ベン図（OR）

表5.3　真理値表（OR）

A	B	OR
偽（FALSE）	偽（FALSE）	偽（FALSE）
偽（FALSE）	真（TRUE）	真（TRUE）
真（TRUE）	偽（FALSE）	真（TRUE）
真（TRUE）	真（TRUE）	真（TRUE）

（3）NOT関数（否定）

　論理式が真である場合"偽（FALSE）"を返します。論理式が偽である場合"真（TRUE）"を返します（図5.5，表5.4参照）。日本語で表現するならば，"否定"を表します。

書式：　=NOT（論理式）

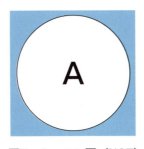

図5.5　ベン図（NOT）

表5.4　真理値表（NOT）

A	NOT
偽（FALSE）	真（TRUE）
真（TRUE）	偽（FALSE）

（4）XOR 関数（排他的論理和）

　複数の真理式で真の数が奇数個の場合 "真（TRUE）" を返します。真の数が偶数個の場合 "偽（FALSE）" を返します（図5．6，表5．5参照）。

　　書式：　=XOR（論理式 1，論理式 2，…）

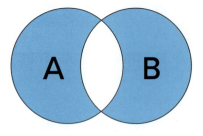

図5．6　ベン図（XOR）

表5．5　真理値表（XOR）

A	B	OR
偽（FALSE）	偽（FALSE）	偽（FALSE）
偽（FALSE）	真（TRUE）	真（TRUE）
真（TRUE）	偽（FALSE）	真（TRUE）
真（TRUE）	真（TRUE）	偽（FALSE）

【例題6】欠試判定をしましょう。欠試の条件は，中間試験と期末試験のいずれかが0点の場合とし，条件が成立した場合にM列に "K" と表示しましょう。

　　①　欠試判定を表示するセル（M4）をクリックし，アクティブセルにします。

　　②　"セル D4 の数値が 0" または "セル E4 の数値が 0" の場合 "K" とします。計算式は "=IF(OR(D4=0,E4=0),”K”,””)" と入力し，Enter キーを押します。

　　　　…　セル D4 と E4 は，それぞれ 0 ではないので，M4 には何も表示されません。

　　③　オートフィルでM4 の数式をM5 からM20 に複製します。

　　　　…　それぞれの欠試判定で欠試対象者に "K" が表示されます。

【例題7】総合評価を N 列に表示しましょう。条件は，失格者は "S"，欠試者は "K"，それ以外は評価の文字（"A" や "B"，"C"）を表示する。

　　①　総合評価を表示するセル（N4）をクリックし，アクティブセルにします。

　　②　IF 関数で次の式を入力します。

　　　　"=IF(K4=”S”,”S”,IF(M4=”K”,”K”,L4))" と入力し，Enter キーを押します。

　　　　…　セル N4 の結果は "B" が表示されます。

　　③　オートフィルでN4 の数式をN5 からN20 に複製します。

　　　　…　それぞれの総合評価が表示されます。確認しましょう。

4 条件付きカウント（COUNTIF 関数）

前章で数値や文字の入力されているセルの個数を数える関数を学びました。本章では，条件を満たしているセルの個数を数える（COUNTIF）関数を学びます。

書式： **=COUNTIF（範囲，検索条件）**

範　　囲：検索の対象となるセル範囲を指定します。

検索条件：検索条件を文字列またはセル，数値，数式で指定します。

【例題】ランク別の人数をかぞえ，Q列に表示させましょう。

① 結果を表示するセル（Q6）をクリックし，アクティブセルにします。

② COUNTIF 関数を入力します。

"=COUNTIF($N$4:$N$20,P6)" と入力し，Enter キーを押します。

※範囲指定は絶対参照にします。

③ オートフィルで Q6 の数式を Q7 から Q10 に複製します。

… それぞれの評価に対する人数が表示されます。確認しましょう。

④ セル Q5 に COUNTA 関数で受講者数を求めましょう。

"=COUNTA($B$4:$B$20)" と入力し，Enter キーを押します。

練習５－１ （ファイル名：練習05-01.xlsx） 完成図

学内成績評価

失格：S　欠試：K

学籍番号	氏名	小テスト	中間試験	期末試験	平均点	四捨五入	切り上げ	切り捨て	出席	失格判定	評価	欠試判定	総合評価
30c001	阿川 由紀	38	74	88	66.667	67	67	66	15		B		B
30c002	井上 秀人	82	30	65	59	59	59	59	13		C		C
30c003	上田 滝緒	44	70	65	59.667	60	60	59	12		C		C
30c004	榎本 眞紀	87	61	64	70.667	71	71	70	13		B		B
30c005	尾谷 秋彦	78	47	87	70.667	71	71	70	14		B		B
30c006	川原 香織	98	0	93	63.667	64	64	63	10		B	K	K
30c007	木下 直樹	96	61	94	83.667	84	84	83	8	S	A		S
30c008	国枝 信也	64	37	0	33.667	34	34	33	12		C		K
30c009	小西 利雄	68	69	75	70.667	71	71	70	14		B		B
30c010	斉藤 涼子	39	84	43	55.333	55	56	55	15		C		C
30c011	清水 隆	96	96	100	97.333	97	98	97	15		A		A
30c012	隅田 陽子	78	63	0	47	47	47	47	5	S	C	K	S
30c013	瀬戸 夏江	73	0	0	24.333	24	25	24	3	S	C	K	S
30c014	園田 茜	98	98	96	97.333	97	98	97	14		A		A
30c015	田中 雄介	92	96	83	90.333	90	91	90	15		A		A
30c016	津川 順	60	89	62	70.333	70	71	70	12		B		B
30c017	内藤 眞澄	65	65	88	72.667	73	73	72	15		B		B

評価別人数

評価	人数
受講者数	17
A	3
B	6
C	3
K	2
S	3

失格判定は以下の通りとする。
出席回数が10回未満は"S"とする。

評価は以下の通りとする。
平均点が、80点以上は"A"とする。
平均点が、80点未満、60点以上は"B"とする。
平均点が、60点未満は"C"とする。

欠試判定は以下の通りとする。
中間試験または期末試験を
受験していない場合"K"とする。

第 **6** 章　データの参照

6.1　表から該当データを参照

あらかじめ，ファイル"練習06-01.xlsx"をUSBに複製して，開いておきましょう。

1　範囲の中から列方向の項目を参照（VLOOKUP関数）

　VLOOKUP関数とは，参照先の表から該当するデータを検索して表示します（図6.1参照）。

図6.1　VLOOKUP関数

書式：　=VLOOKUP（検索値，範囲，列番号，検索方法）

　　　　検　索　値：検索対象となる文字列や数値，セルを指定します。

　　　　範　　　囲：参照先の範囲を指定します。

　　　　列　番　号：検索されたセルから右へ何列目を抽出するのかを指定します。

　　　　検索方法：FALSEまたはTRUEを指定します。省略可。

※省略した場合，FALSE が選択されます。

FALSE：検索値と検索された値が完全一致の場合のみ参照します。

TRUE ：近似値を含めて参照します。

【例題 1 】C 列の商品コードに対する商品名と単価をセル L13 から N21 の "商品一覧表" から参照し，D 列と I 列に表示させましょう。

① 商品名を参照するセル（D13）をクリックし，アクティブセルにします。

② VLOOKUP 関数を使い，セル C13 と完全一致する商品名を参照します。
※計算式 "=VLOOKUP(C13,$L$13:$N$21,2,FALSE)" と入力します。
※範囲にはタイトル行を含みません。

③ 商品コードが入力されているセル（D17）までオートフィルで複製しましょう。

④ 単価を参照するセル（I13）をクリックし，アクティブセルにします。

⑤ VLOOKUP 関数を使い，セル C13 と完全一致する単価を参照します。
※計算式 "=VLOOKUP(C13,$L$13:$N$21,3,FALSE)" と入力します。

（注意）一覧表の中の検索値と照合する項目にはルールがあります。照合する項目（今回は "商品コード"）は，値や文字を昇順（A → Z，0 → 9 など）で入力しましょう。照合できずエラーとなる場合があります。近似値を含めて参照する場合，値の範囲が設定できません。

2 参照結果がエラーになる場合の対処方法
（ISERROR 関数，IFERROR 関数）

VLOOKUP 関数や HLOOKUP 関数で参照された値がエラーの場合，その結果に関する計算式が行えません。前節の場合では，商品コードが入力されていないとエラー（"#N/A" などと表示）となり，金額が計算できません。エラー表示を解消するための対処方法として，ISERROR 関数および IFERROR 関数があります。IFERROR 関数は，IF 関数のネストをせずにエラー時の処理を行えますが，ISERROR 関数は，単独で使うとエラーか否かの判定のみで一般的には IF 関数のネストで処理します。

（1）ISERROR 関数

書式： **=ISERROR（テストの対象）**

テストの対象：数値やセルを指定します。

セルの内容がエラー値（#N/A，#VALUE!，#REF!，#DIV/0!，#NUM!，#NAME?，#NULL!）の場合に“TRUE”を返します。

（例）セル A1 の値がエラーの場合“処理1”を表示し，エラーではない場合セル A1 の結果を返します。IF 関数のネストで処理を変化させます。

=IF(ISERROR(A1),"処理1",A1)

（2）IFERROR 関数

書式： **=IFERROR（値，エラーの場合の値）**

値　：数値やセルを指定します。

範囲：値がエラーの場合の処理を指定します。

（例）セル A1 の値がエラーの場合“処理1”を表示し，エラーではない場合セル A1 の結果が返ります。IF 関数のネストは不要となります。

=IFERROR(A1,"処理1")

【例題2】各行の金額（数量×単価）を計算し，J 列に表示させてみましょう。ただし，“セル H13 が空白”または“セル I13 がエラー”ならば，何も表示しない（“”）とし，そうでなければ H13×I13 を計算しましょう。

① 金額を表示するセル（J13）をアクティブセルにします。

② 計算式を入力します。

※計算式 “=IF(OR(H13="",ISERROR(I13)),"",H13*I13)” と入力します。

③ セル J22 までオートフィルで複製しましょう。

④ セル J23 に SUM 関数で J13 から J22 を総和しましょう。

※計算式 “=SUM(J13:J22)” と入力します。

3 範囲の中から行方向の項目を参照（HLOOKUP 関数）

HLOOKUP 関数とは，参照先の表から該当するデータを検索して表示します（図6．2参照）。

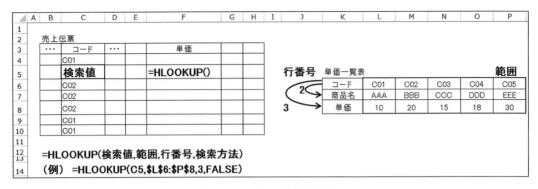

図6.2　HLOOKUP 関数

書式：　=HLOOKUP（検索値，範囲，行番号，検索方法）

検　索　値：検索対象となる文字列や数値，セルを指定します。

範　　　囲：参照先の範囲を指定します。

行　番　号：検索されたセルから下へ何行目を抽出するのかを指定します。

検索方法：FALSE または TRUE を指定します。省略可。

　　　　　　※省略した場合，FALSE が選択されます。

　　　　　　FALSE：検索値と検索された値が完全一致の場合のみ参照します。

　　　　　　TRUE　：近似値を含めて参照します。

【例題3】 セル D6 の購入回数に対する割引率（％）をセル L6 から Q7 の"割引表"から
参照し，セル I24 に表示させましょう。さらに，支払い金額を求めてセル J27
に表示させましょう。

① 割引率を参照するセル（I24）をクリックし，アクティブセルにします。

② HLOOKUP 関数を使い，セル D6 と近似値を含めて割引率を参照します。

※計算式 "=HLOOKUP(D6,$M$6:$Q$7,2,TRUE)" と入力します。

※範囲にはタイトル行を含みません。

※近似値を含める場合の割引表の参照方法は，購入回数が 0 以上 10 未満
の場合セル M7 が参照され，10 以上 30 未満の場合セル N7，30 以上 50
未満の場合セル O7，…と段階的に参照されるセルが変化します。

③ セル D6 の数値を変化させて，割引率の変化を確認しましょう。

④ セル J24 に，割引される金額を入力しましょう（数値は切り上げ）。

※計算式 "=ROUNDUP(J23*I24,0)" と入力します。

⑤ セル J25 に，割引後金額を計算しましょう。

※計算式 "=J23-J24" と入力します。

⑥ セル J26 に，割引後金額に対する消費税額を計算しましょう（数値は切り捨て）。

※計算式 "=ROUNDDOWN(J25*(1+I26),0)" と入力します。

⑦ 支払い金額を求めましょう。

※計算式 "=J25+J26" と入力します。

4 名前の設定と利用

　特定の範囲に作成者がわかりやすい名前を設定することができます。名前を設定すると，対象となる範囲を選択したり，編集したり，数式に直接名前で指定したり，簡単に利用できます。

【例題4】VLOOKUP 関数の時に設定した範囲（セル L13 から N20）に名前を設定しましょう。

① セル L13 から N20 をドラッグして範囲選択します。

② 名前ボックスをクリックし，"商品リスト" と入力します。

… 範囲選択したセルの集まりが "商品リスト" という名前に設定されました。

③ セル D13 の数式の引数（範囲）を "商品リスト" に変更しましょう。

※計算式 "=VLOOKUP(C13,商品リスト,2,FALSE)" に変更します。

名前の指定には ""（ダブルクォーテーション）は不要です。

④ 商品コードが入力されているセル（D17）までオートフィルで複製しましょう。

⑤ 同様に，I13 の計算式の範囲も変更しましょう。

※計算式 "=VLOOKUP(C13,商品リスト,3,FALSE)" に変更します。

⑥ 商品コードが入力されているセル（I17）までオートフィルで複製しましょう。

⑦ 同様に，セル M6 から Q7 を名前 "割引表" で設定しましょう。

⑧　セル I24 の計算式の範囲を "割引表" に変更しましょう。

※計算式 "=HLOOKUP($D$6,割引表,2,TRUE)" に変更します。

【例題 5】名前を設定したセルを確認しましょう。

①　名前ボックスの右にある "▼" をクリックします。

②　名前を設定したリストの "商品リスト" をクリックします。

…　名前を設定したセル範囲（セル L13 から N20）が反転表示されます。

【例題 6】設定した名前を編集しましょう。

①　【数式】タブ →『定義された名前』グループ → （名前の管理）をクリックします。

…　《名前の管理》ダイアログボックス（図 6.3 参照）が表示されます。

図 6.3　《名前の管理》ダイアログボックス

②　名前のリストから "商品リスト" を選択して，"編集" ボタンをクリックします。

…　《名前の編集》ダイアログボックス（図 6.4 参照）が表示されます。

図6.4 《名前の編集》ダイアログボックス

③ "名前"項目の"商品リスト"から"商品一覧"に名前を変更します。

④ 参照範囲の変更もできます（セルL13からN21に変更しましょう）。

⑤ 編集が完了したら，"OK"ボタンをクリックします。

　… 名前と参照範囲が反映されます。

⑥ 《名前の管理》ダイアログボックスが表示されます。

⑦ 閉じる ボタンをクリックします。

【例題7】設定した名前を削除しましょう。

　設定した名前を削除するには，【数式】タブ →『定義された名前』グループ →"名前の管理"を選択し，《名前の管理》ダイアログボックスを表示し，削除する名前を選択して 削除 ボタンをクリックします。再度削除の確認メニューで"OK"ボタンをクリックすると，名前が削除されます。

※名前を削除すると，関連する計算式がすべてエラーになるので注意！

元に戻しておきましょう（ Ctrl ＋ Z キーを押す）。

練習６－１ （ファイル名：練習 06-01.xlsx） 完成図

領収証

情報 太郎 様

購入回数	0	回

下記、書籍代として受領いたしました。

発行日： 2030年10月15日

株式会社表計算

〒XXX-XXXX
東京都○○区1-23-4 △△ビル5階
TEL:03-XXXX-XXXX
FAX:03-XXXX-XXXX
担当：AAA

No.	商品コード	商品名	数量	単価	金額
1	A01	情報処理	1	3,000	3,000
2	J01	OS	2	2,000	4,000
3	J02	WORD	1	1,800	1,800
4	A03	PC	2	1,500	3,000
5	J05	データベース	1	2,500	2,500
6					
7					
8					
9					
10					
			計 (A)		14,300
			割引率(B)	0.00%	
			割引後金額 (C=A-B)		14,300
			消費税(D)	8%	0
			支払い金額 (C+D)		0

※ 消費税は、割引後の金額に乗ずることとします。

＜備考＞

割引表

購入回数	0	10	30	50	100
割引率	0.00%	0.05%	0.10%	0.15%	0.20%

商品一覧表

商品コード	商品名	単価
A01	情報処理	3000
A02	情報倫理	2500
A03	PC	1500
J01	OS	2000
J02	WORD	1800
J03	EXCEL	2300
J04	ACCESS	1500
J05	データベース	2500

← J13からJ22の総和
← 割引率＝割引表の値
← 割引金額＝(J23*割引率)の切り上げた値
← J23-J24の値
← J25*(1+消費税率) の切り捨てた値
← J25+J26

第7章　複数シート操作

あらかじめ，ファイル“練習 07-01.xlsx”を USB に複製して，開いておきましょう。

7．1　シート名の変更

Microsoft Excel では，複数のシートが設定できます。複数のシートの目印として，シート見出しが付けられており，シートを区別する目的でシートに “Sheet 1” や “Sheet 2”, “Sheet 3” …というシート見出しが初期設定されています（図7．1参照)。特定のシートを編集可能状態にするには，編集するシート見出しをクリックして選択します。編集可能状態のシートを “アクティブシート” と呼びます。シートにはそれぞれシート見出しが付けられており，利用者やシートの内容によってシート見出しの名前を変更できます。

※シート名の規則として，¥ [ ] * :/ ?の7個の半角記号が使えないので注意！

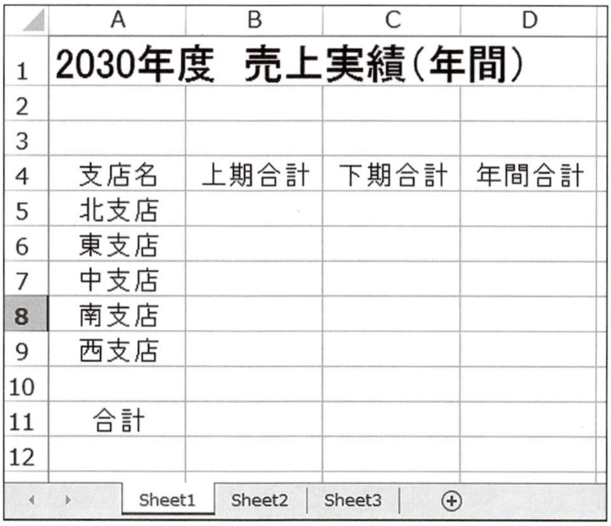

	A	B	C	D
1	2030年度　売上実績(年間)			
2				
3				
4	支店名	上期合計	下期合計	年間合計
5	北支店			
6	東支店			
7	中支店			
8	南支店			
9	西支店			
10				
11	合計			
12				

図7．1　シート見出しの初期設定

【例題1】 シート名を "Sheet 1" → "年間" に変更しましょう。

① シート "Sheet 1" のシート見出しをダブルクリックします。

… シート名が反転表示（選択された状態）になります。

② "年間" と入力し，Enter キーを押します。

… シート名が変更されます。

③ 同様に，シート "Sheet 2" のシート見出しをダブルクリックして "上期" に変更します。

④ 同様に，シート "Sheet 3" のシート見出しをダブルクリックして "下期" に変更します。

※その他のシート名の変更方法-1 として，シート見出しを右クリック → ［名前の変更］を選択後，新しいシート名を入力します。

※その他のシート名の変更方法-2 として，【ホーム】タブ →『セル』グループ → 📋書式▾ （書式）ボタン → ［シート名の変更］→ 新しいシート名を入力します。

7.2　シート見出しの色の設定

シート見出しを区別する目的で，シート見出しに色を付けることができます。

【例題2】 シート見出しを紫色に変更しましょう。

① 色を変更するシート見出し（"年間"）を右クリックします。

… 選択されたシート見出しがアクティブシートになり，メニューリストが表示されます。

② ［シート見出しの色］にマウスポインタを移し，カラーパレット中の ［標準の色］から紫を選択（クリック）します（図7.2参照）。

… シート見出しの色が紫に変更されます。

③ 同様に，シート見出し "上期" のシート見出しの色を薄い緑に変更します。

④ 同様に，シート見出し "下期" のシート見出しの色を緑に変更します。

※その他のシート見出しの色の変更方法として，【ホーム】タブ →『セル』グループ → 📋書式▾ （書式）ボタン → ［シート見出しの色］→ カラーパレットから色を選択します。

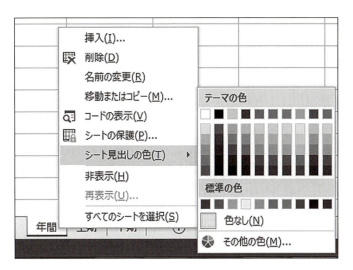

図7.2　シート見出しの色の設定画面

7.3　作業グループの設定

　作業グループとは，複数シートのセルの内容（数値や文字，書式など）を同時に編集できる状態を呼びます。複数のシートを選択すると，タイトルバーに"［作業グループ］"と表示され，作業グループが設定されます。

●複数シートの選択方法

（1）連続しているシートを選択する場合，$\boxed{\text{Shift}}$ キーを押しながらシート見出しをクリックします。

（2）連続していないシートを選択する場合，$\boxed{\text{Ctrl}}$ キーを押しながらシート見出しをクリックします。

【例題3】作業グループを設定しましょう。

　　　　① 作業グループに設定するシート見出し（"上期"）をクリックします。

　　　　② $\boxed{\text{Shift}}$ キーを押しながらシート見出し（"下期"）をクリックします。

　　　　… シート見出しが，2シート（上期，下期）反転表示（選択された状態）され，タイトルバーに"［作業グループ］"と表示されます（確認しましょう）。

7.4 作業グループのデータ入力と書式設定

作業グループを設定した2シート（"上期", "下期"）を編集しましょう。

【例題4】2シート（"上期", "下期"）を作業グループに設定し，H列および11行それぞれの合計を求めましょう。

① 作業グループを設定します。

（シート見出し"上期"をクリック後，Shift キーを押しながらシート見出し"下期"をクリックします）

② 合計を求めるセル（H5）をアクティブセルにします。

③ 計算式 "=SUM(B5:G5)" を入力します。

… アクティブセルに計算結果が表示され，同時に作業グループの同じ位置のセルにも，合計を求める計算結果が表示されます。

④ オートフィルでH5の数式をH6からH9に複製します。

⑤ セルB11に計算式 "=SUM(B5:B10)" を入力します。

⑥ オートフィルでB11の数式をC11からH11に複製します。

【例題5】2シート（"上期", "下期"）を作業グループに設定し，セルB5からH11の書式設定を桁区切りスタイルに変更しましょう。さらに，セルA4からH11に罫線（格子）を設定しましょう。

① 作業グループを設定します。

② セル（B5からH11）を範囲指定しましょう。

③ 【ホーム】タブ →『数値』グループ → ， （桁区切りスタイル）ボタンをクリックします。

④ セル（A4からH11）を範囲指定しましょう。

⑤ 【ホーム】タブ →『フォント』グループ → [格子] 罫線を引きましょう。

【例題6】シート見出し"年間"を作業グループに追加しましょう。

① 2つのシートが作業グループの状態で，Ctrl キーを押しながらシート見出し"年間"をクリックします。

【例題7】3シート（"年間"，"上期"，"下期"，）を作業グループに設定し，フォントサイズの変更，文字入力を行いましょう。

① 3つのシートを作業グループに設定します。

② セルA1をアクティブセルにして，フォントサイズを16に変更しましょう。

　　※3つのシートのセルA1に対するフォントサイズが変更されます。

③ セルA4をアクティブセルにして，"支店名"と入力して Enter キーを押します。

　　※3つのシートのセルA4に"支店名"が入力されます。

④ セルA4からA11をドラッグします。

⑤ 【ホーム】タブ →『フォント』グループ → （塗りつぶしの色）→［オレンジ］をクリックします。

　　※作業グループ（3つのシート）のセルA4からA11の背景色がオレンジ色になります。

7.5　作業グループの解除

　作業グループの解除方法は，シート見出しをクリックします。ただし，ブック内のすべてのシートを作業グループに設定している場合は，一番手前のシート以外のシート見出しをクリックし，ブック内の一部のシートを作業グループに設定している場合は，作業グループに含まれていないシート見出しをクリックします。

【例題8】作業グループを解除しましょう。

① シート見出しの"下期"をクリックします。

　　… タイトルバーに表示されていた"［作業グループ］"の文字が非表示になります。

　　※その他の作業グループの解除方法として，シート見出しを右クリック →［作業グループの解除］を選択します。

7.6 シートの移動／コピー

【例題9】 シート見出し "年間" を "下期" の右側に移動しましょう。

① シート見出し "年間" を "下期" の右側にドラッグします。

… シート見出し "年間" が移動され，"上期"，"下期"，"年間" の順に
なります。

※その他のシートの移動方法-1 として，シート見出しを右クリック → ［移動
またはコピー］→《シートの移動またはコピー》ダイアログボックス → ［挿
入先］の一覧から移動先を選択し "OK" ボタンをクリックします。

※その他のシートの移動方法-2 として，移動したいシート見出しを選択 →
【ホーム】→『セル』グループ → 📠 **書式** ▾（書式）→ ［シートの移動またはコ
ピー］→《シートの移動またはコピー》ダイアログボックス → ［挿入先］の
一覧から移動先を選択し "OK" ボタンをクリックします。

【例題10】 シート見出し "年間" をコピーしましょう。

① シート見出し "年間" を Ctrl キーを押しながら右側にドラッグします。

… シート見出し "年間" がコピーされ，"年間 (2)" が追加されます。

※その他のシートの移動方法-1 として，シート見出しを右クリック → ［移動
またはコピー］→《シートの移動またはコピー》ダイアログボックス → ［挿
入先］の一覧からコピー先を選択し，［✓ コピーを作成する］項目にチェ
ックして "OK" ボタンをクリックします。

※その他のシートの移動方法-2 として，移動したいシート見出しを選択 →
【ホーム】→『セル』グループ → 📠 **書式** ▾（書式）→ ［シートの移動またはコ
ピー］→《シートの移動またはコピー》ダイアログボックス → ［挿入先］の
一覧からコピー先を選択し，［✓ コピーを作成する］項目にチェックして
"OK" ボタンをクリックします。

【例題11】 シート見出し "年間 (2)" を削除しましょう。

① シート見出し "年間 (2)" を右クリックし，［削除］を選択します。

※シートを削除すると元に戻りませんので，再確認画面が表示されます。

削除 ボタンをクリックするとシートが削除されます。

※その他のシートの移動方法として，削除したいシート見出しを選択→【ホーム】→『セル』グループ→ 🗙削除 ▼ （削除）→［シートの削除］→削除の再確認画面が表示されます。 削除 ボタンをクリックするとシートが削除されます。

7.7 別シートのセル参照

　異なるブックの特定シートのセルの値や，ブック内の異なるシートのセルの値を参照できます。参照元のシートの値が変更されると，参照先のシートの値も自動的に再計算されて更新されます。

【例題12】シート見出し“年間”の支店名を“上期”と“下期”の支店名でセル参照しましょう。

① シート見出し“上期”のセルA5をアクティブセルにします。

② “=”を入力し，参照元となるシート見出し“年間”をクリックしセルA5をクリック後， Enter キーを押します。

　※シート見出し“上期”のセルA5に，“=年間!A5”と入力され，セル参照が設定されていることを確認しましょう。

③ オートフィルでA5の数式をA6からA9に複製します。

④ 同様に，シート見出し“下期”の支店名もセル参照します。

※セル参照の数式では，参照元により表示が異なります。

・同じシート内のセルを参照する場合
　“=セル番地”

・同じブック内の異なるシートのセルを参照する場合
　“=シート名!セル番地”

・別ブックのセルを参照する場合
　“=［ブック名］シート名!セル番地”

7.8　リンク貼り付け

　前節（7.7）では，1つのセル参照を行いましたが，複数のセルを同時に参照することもできます。

【例題13】"リンク貼り付け"を使って，シート見出し"年間"の上期欄および下期欄の
　　　　　セル参照を行いましょう。

　　① リンク貼り付け元のシート見出し"上期"のセルH5からH9を範囲選択
　　　します。

　　② 【ホーム】→『クリップボード』グループ→ 📋コピー ▾ （コピー）を選択
　　　します。

　　③ リンク貼り付け先のシート見出し"年間"のセルH5をアクティブセルに
　　　します。

　　④  （貼り付け）下の▼をクリックします。

　　⑤ その他の貼り付けオプション中の 📋 （リンク貼り付け）を選択します。
　　　… 複数セルのセル参照が設定できます。

　　⑥ 年間合計欄（セルD5からD9，セルB11からD11）の計算式を入力します。

練習 7 - 1 （ファイル名：練習 07-01.xlsx） 完成図

	A	B	C	D	E	F	G	H
1	2030年度　売上実績（上期）							
2								
3								
4	支店名	4月	5月	6月	7月	8月	9月	上期合計
5	北支店	1,180	1,040	930	1,160	850	1,130	6,290
6	東支店	830	980	900	930	1,070	830	5,540
7	中支店	960	820	1,100	830	920	970	5,600
8	南支店	1,040	950	850	1,010	820	970	5,640
9	西支店	1,190	1,070	900	930	1,070	880	6,040
10								
11	合計	5,200	4,860	4,680	4,860	4,730	4,780	29,110
12								

上期　下期　年間　⊕

シート見出し（Sheet 2）"上期"

	A	B	C	D	E	F	G	H
1	2030年度　売上実績（下期）							
2								
3								
4	支店名	10月	11月	12月	1月	2月	3月	下期合計
5	北支店	920	1,200	1,170	1,200	830	870	6,190
6	東支店	900	1,200	930	1,000	1,000	1,050	6,080
7	中支店	840	1,010	830	960	1,180	1,060	5,880
8	南支店	1,040	910	900	1,050	1,050	1,050	6,000
9	西支店	850	940	1,170	990	1,030	840	5,820
10								
11	合計	4,550	5,260	5,000	5,200	5,090	4,870	29,970
12								

上期　下期　年間　⊕

シート見出し（Sheet 3）"下期"

	A	B	C	D
1	2030年度　売上実績（年間）			
2				
3				
4	支店名	上期合計	下期合計	年間合計
5	北支店	6,290	6,190	12,480
6	東支店	5,540	6,080	11,620
7	中支店	5,600	5,880	11,480
8	南支店	5,640	6,000	11,640
9	西支店	6,040	5,820	11,860
10				
11	合計	29,110	29,970	59,080
12				

上期　下期　年間　⊕

シート見出し（Sheet 1）"年間"

第 8 章　グラフの作成の基礎

8.1　グラフ機能の概要

1　グラフの種類

　Excel 入力されたデータからグラフを作成することで，データの内容を視覚的に表現することができます。データを分析する場合はもとより，プレゼンテーションなどデータに対する自分の考えを他者に伝えたい場合にも，グラフは効果を発揮します。その一方で，不適切にグラフを扱うと作成者の意図が相手に伝わらないばかりか，誤解や信用を失う結果を招いてしまうこともあります。

　Excel では，グラフは 10 種類に類別されており，その種別ごとにそれぞれ数パターンの形態の異なるグラフが用意されています。グラフの元になるデータの形式や，作成者がデータから何を示したいのかによって，適切なグラフの種類は決まります。

　これらのグラフの中から，使用頻度の高いデータの比較や内訳を表す場合に有効なグラフを表にまとめました。

表 8.1　グラフの種類と特徴

		1 系列	複数系列
内　訳	構成比率	円グラフ 100%積み上げ棒グラフ	100%積み上げ棒グラフ ドーナツグラフ
	実　数	円グラフ 積み上げ棒グラフ	積み上げ棒グラフ

	1 軸	2 軸	3 軸以上
比　較	集合棒グラフ 折れ線グラフ 面グラフ	折れ線グラフ 面グラフ 複合グラフ	レーダーチャート

2 グラフの構成要素

① グラフエリア

　グラフ（プロットエリア）を含むグラフ表示領域の全体。クリックすると右側に"グラフ要素""グラフスタイル""グラフフィルター"のボタンが表示され，タブにはグラフツールの【デザイン】タブ，【書式】タブが表示されます。

② プロットエリア

　グラフ本体が描画される領域。個別に書式設定を行うことができます。

③ 軸

　グラフにおいて基準となる直線。グラフの種類によって，縦軸，横軸，奥行き軸などがあり，複数の縦（数値）軸を持つグラフもあります。

④ 軸ラベル（軸タイトル）

　グラフに軸を表示する場合，軸ラベルを配置することで，内容や単位など，どのようなデータが表されているのかを明らかにすることができます。また，単位はテキストボックスを使って入力する場合もあります。

⑤ 目盛線

　目盛線を使用することで，グラフの軸が示す数値や項目を明確に表すことができます。また，より小幅に表示される目盛線として，補助目盛線があり，目盛線，補助目盛線ともに目盛の幅を設定することができます。

⑥ グラフタイトル

　グラフタイトルを表示することで，グラフが示す内容を言葉で表すことができます。

⑦ データラベル

　グラフ上に値，系列名，分類名など，個々のデータに関する情報を表示させることができます。

⑧ 凡　例

　グラフ上に表示されている各データ系列の系列名を表示します。

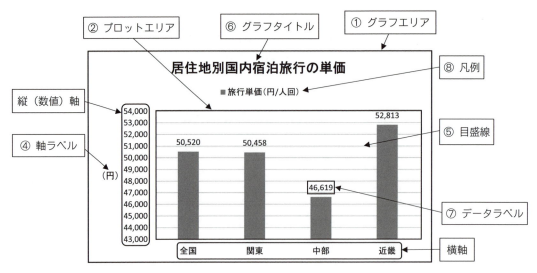

図8.1 グラフを構成する要素

出所：観光庁「2015年旅行・観光消費動向調査年報」より作成
　　　http://www.mlit.go.jp/kankocho/siryou/toukei/shouhidoukou.html#cp1

3 グラフ要素の変更

　グラフは，複数のグラフ要素で構成されています（8章）。グラフ要素ごとに表示の有無や書式を設定することで，グラフの外観を変更できます。グラフ要素の変更は，グラフエリアをクリックしてグラフの右側に表示されるグラフ要素「＋」から設定できるのに加えて，【デザイン】タブの『グラフのレイアウト』グループにある"グラフ要素を追加"ボタンからも同様の操作を行えます。

8.2　グラフの挿入

1 集合縦棒グラフ

　集合縦棒グラフは，項目ごとの数値を棒線の長さで表して，複数の項目間で数値を比較することができます。

　次の操作手順にそって，表8.2「東海3県の有権者数」をもとに東海3県の有権者数を男女別に比較できる集合縦棒グラフを作成します。

操作手順

1．表8．2「東海3県の有権者数」をワークシートに入力します。

2．入力した表の1行目から4行目を範囲選択して，【挿入】タブの『グラフ』グループにある"縦棒グラフの挿入"ボタンをクリックして表示される一覧から「集合縦棒」を選択して集合縦棒グラフを作成します（図8．3）。

3．集合縦棒グラフのグラフエリアをクリックして，グラフの右側に表示されるグラフ要素「＋」をクリックするとグラフ要素の一覧が表示されるので，「軸」「グラフタイトル」「目盛線」「凡例」のチェックボックスにチェックを入れます。

4．「目盛線」右側の▶をクリックして表示される一覧から，「第1主横軸」「第1補助横軸」のチェックボックスにチェックを入れます。

5．「凡例」右側の▶をクリックして表示される一覧から，「右」を選択します。

6．グラフエリア上部に表示されている「グラフタイトル」の枠内に「東海3県の有権者数（2014年12月)」と入力します。

7．【挿入】タブの『テキスト』グループにある"テキストボックス"ボタンをクリック，カーソルの形の変化を確認して，グラフエリアの左上をクリックすると，テキストボックスが作成されるので，そこに「(人)」と入力します。必要であれば，位置や大きさを整えてバランス良く配置します。

表8．2　東海3県の有権者数（2014年12月）

（単位：人）

	男　性	女　性
岐阜県	803,494	865,272
愛知県	2,944,650	2,961,575
三重県	720,005	771,842
合　計	4,468,149	4,598,689

出所：総務省「第47回衆議院議員総選挙・最高裁判所
　　　裁判官国民審査結果調」より作成。

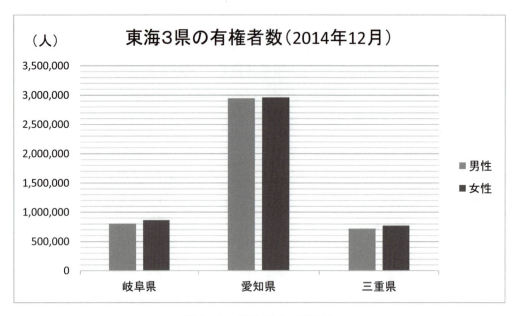

図8.2 縦棒グラフ実行例

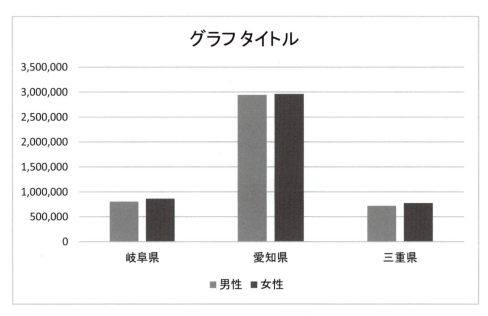

図8.3 縦棒グラフの操作

2 内訳を示す―円グラフ―

　1つの系列内のデータが，どのような構成になっているかを表す場合に，円グラフは使われます。円グラフは，項目全体（100％）を表す円と部分（構成比）を表す扇形で構成さ

れており，特にこの両者を比較する場合に有効なグラフです。その一方で，扇形どうしの比較や複数の円を使用した複数項目間の比較には向きません。そのような場合には，構成比率の比較であれば100%積み上げ棒グラフ，実数の比較であれば積み上げ棒グラフを使用します。

　次の操作手順にそって，表8．3「二人以上世帯の貯蓄の内訳」をもとに，貯蓄の構成比を表す円グラフ（図8．4）を作成します。

表8．3　円グラフ作成元データ

二人以上世帯の貯蓄の内訳

（単位：万円）

	金　額
定期預金	734
普通預金	394
生命保険など	374
有価証券	264
金融機関外	39

出所：総務省「家計調査報告（貯蓄・負債編）」
　　　より作成。

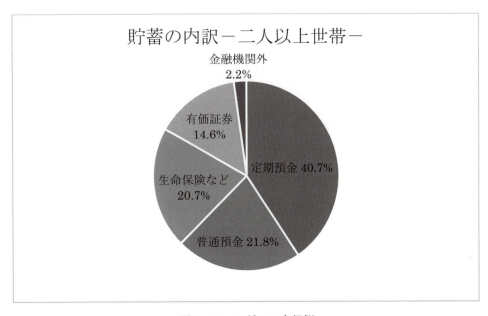

図8．4　円グラフ実行例

操作手順

1. 表8．3「二人以上世帯の貯蓄の内訳」をワークシートに入力します。

2. 入力した表全体を範囲選択して，【挿入】タブの『グラフ』グループにある"円またはドーナツグラフの挿入"ボタンをクリックして表示される一覧から「円」を選択して円グラフを作成します（図8．5）。

3. 作成した円グラフのグラフエリアをクリックして，右側に表示されるボタンからグラフ要素「＋」をクリックすると一覧が表示されるので，「グラフタイトル」と「データラベル」のチェックボックスにチェックを入れ，「凡例」のチェックを外します。

4. 「データラベル」右側の▶をクリックして表示される一覧から，「その他のオプション」を選択するとワークシート右外に「データラベルの書式設定」の作業ウィンドウが表示されます。作業ウィンドウの上部にある4つのボタンの中から「ラベルオプション」を選択，その下に表示される"ラベルオプション"をクリックすると一覧が表示されるので，「分類名」「パーセンテージ」のチェックボックスにチェックを入れ，「値」のチェックを外します。さらに，「区切り文字」のボックス右側にある▼をクリックして「区切り文字」を「,（カンマ）」から「（スペース）」に変更します。加えて，「表示形式」をクリックすると表示される「カテゴリ」ボックス右側

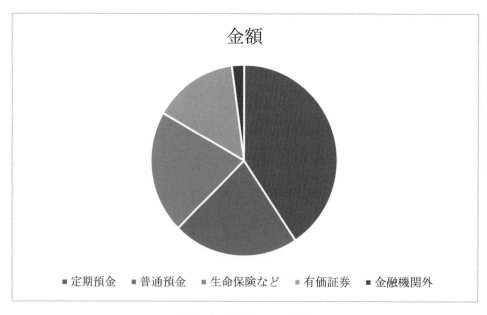

図8．5　円グラフの操作

の▼を「標準」から「パーセンテージ」に変更して，「小数点以下の桁数」に1を入力します。

5. グラフエリア上部に表示されている「グラフタイトル」の枠内に「貯蓄の内訳―二人以上世帯―」と入力します。

③ 値の推移や変化を示す―折れ線グラフ―

調査や計測で得られた数値の推移や変化をグラフで表す場合，よく使われるのが折れ線グラフです。折れ線グラフを使えば，指定した系列の数値（縦軸）と，その項目ごとの推移（横軸）を折れ線の形で表せます。加えて，複数の系列（折れ線）を表示させることで，異なる系列間の数値変化を比較できます。さらに，新たに縦軸（第2軸）を追加することで単位や数値の大きく異なる系列のデータどうしを1つのグラフ上に描画することができます。

また，折れ線グラフのほかに，数値の推移や変化を表現するグラフとして，面グラフや棒グラフ，複合グラフが使われることがあります。

次の操作手順にそって，表8.4「名古屋と那覇の月平均気温（2015年）」をもとに地域別の月平均気温の推移を表す折れ線グラフを作成します。

表8.4　名古屋と那覇の月平均気温（2015年）

	1月	2月	3月	4月	5月	6月	7月	8月	9月	10月	11月	12月
名古屋	4.9	5.7	9.7	15.2	21.3	22.3	26.5	28.1	23.1	18.4	14.3	9.3
那　覇	23.6	16.6	17	19	22.2	24.9	28.7	29	28.7	27.8	25.5	23.8

出所：気象庁「過去の気象データ」より作成。

操作手順

1. 表8.4「名古屋と那覇の月平均気温（2015年）」をワークシートに入力します。

2. 入力した表全体を範囲選択して，【挿入】タブの『グラフ』グループにある"折れ線グラフの挿入"ボタンをクリックして表示される一覧から「折れ線」を選択して折れ線グラフを作成します（図8.7）。

3. 折れ線グラフのグラフエリアをクリックして，グラフの右側に表示されるグラフ要素「＋」をクリックするとグラフ要素の一覧が表示されるので，「軸」「軸ラベル」「グラフタイトル」「データテーブル」「目盛線」のチェックボックスにチェックを入れ，「凡例」のチェックを外します。

4. 「目盛線」右側の▶をクリックして表示される一覧から,「第1主横軸」「第1補助横軸」のチェックボックスにチェックを入れます。

5. 「軸ラベル」右側の▶をクリックして表示される一覧で,「第1横軸」のチェックボックスからチェックを外し,「第1縦軸」にチェックを入れます。さらに,「その他のオプション」を選択するとワークシートの右外に「軸ラベルの書式設定」の作業ウィンドウが表示されるので,作業ウィンドウの右上にある「文字のオプション」をクリックして「文字のオプション」に関するボタンを表示させます。表示された3つのボタンの中から右端の"テキストボックス"をクリックして展開される一覧から「文字列の方向」のボックス右側にある▼をクリック,「文字列の方向」を「左へ 90° 回転」から「横書き」に変更します。

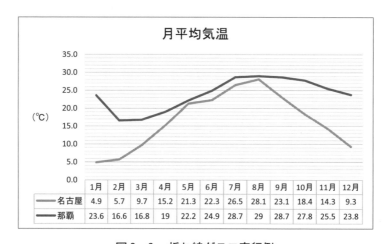

図8.6 折れ線グラフ実行例

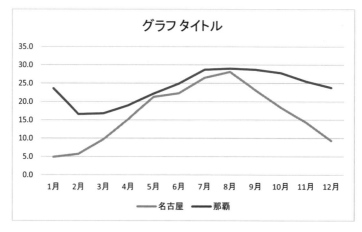

図8.7 折れ線グラフの操作

6. グラフエリアの左側に表示されている第1縦軸の「軸ラベル」の枠内に「(℃)」と入力します。

7. グラフエリアの上部に表示されている「グラフタイトル」の枠内に「月平均気温」と入力します。

4 二項目の分布や関係を表す―散布図―

　毎日の最低気温と最高気温，ある会社の従業員の勤続年数と給与額など，2つの項目の分布や関係をみるときに使用されるのが散布図です。散布図は，2つの項目の数値を縦軸と横軸にとり，2項目の数値に適合する位置を点（プロット）で表します。表示された点（プロット）が右上がりに分布していれば正の相関，右下がりに分布していれば負の相関があるといえ，このような傾向がみられない場合には2項目に相関は無いといえます。

　次の操作手順にそって，表8.5「名古屋の最高気温・最低気温月平均値（2016年）」をもとに，名古屋における月平均の最低気温と最高気温に相関関係があるかどうか判別できるような散布図を作成します。

操作手順

1．表8.5「名古屋の最高気温・最低気温月平均値（2016年）」をワークシートに入力します。

2．入力した表から数値の入力されたセルを範囲選択して，【挿入】タブの『グラフ』グループにある"散布図（X，Y）またはバブルチャートの挿入"ボタンをクリックして表示される一覧から「散布図」を選択して散布図を作成します（図8.9）。

3．散布図のグラフエリアをクリックして，グラフ右側に表示されるグラフ要素「＋」

表8.5　名古屋の最高気温・最低気温月平均値（2016年）　　（単位：℃）

	1月	2月	3月	4月	5月	6月	7月	8月	9月	10月	11月	12月
最高気温	10.3	11.7	16.4	21.1	25.9	27.5	31.6	33.8	29.3	24.2	17.0	13.0
最低気温	1.9	2.2	5.7	11.3	16.2	19.3	23.6	24.9	22.4	15.9	8.8	4.1

出所：気象庁「過去の気象データ検索」より作成。
http://www.data.jma.go.jp/obd/stats/etrn/index.php

をクリックするとグラフ要素の一覧が表示されるので,「軸」「軸ラベル」「グラフタイトル」「データラベル」「目盛線」のチェックボックスにチェックを入れます。

4. 「データラベル」右側の▶をクリックして表示される一覧から,「左」を選択します。さらに,「その他のオプション」を選択するとワークシートの右外に「データラベルの書式設定」の作業ウィンドウが表示されるので,作業ウィンドウの上部にある4つのボタンの中から右端の「ラベルオプション」を選択,その下に表示される"ラベルオプション"をクリックすると一覧が表示されるので,「Y値」のチェックボックスからチェックを外します。加えて,「セルの値」のチェックボックスにチェックを入れると,《データラベル範囲》ダイアログが開くので「データラベル範囲の選択」に1月～12月が入力されたセルを範囲選択して"OK"をクリックします。

5. 散布図(プロットエリア)に表示された「データラベル」のうち,重なって見にくい「データラベル」を個別に移動します。「プロットエリア」内の「データラベル」をクリック,「2月」の「データラベル」を再度クリックしたのち,ドラッグして右側に移動させます。同様に「5月」をはじめ,見づらい「データラベル」があれば移動させます。

6. 縦軸と横軸の「軸ラベル」に,それぞれ「最低気温」「最高気温」と入力します。さらに,縦軸の「軸ラベル」を右クリックしてコンテキストメニューを開き,そこから「軸ラベルの書式設定」を選択するとワークシートの右外に「軸ラベルの書式

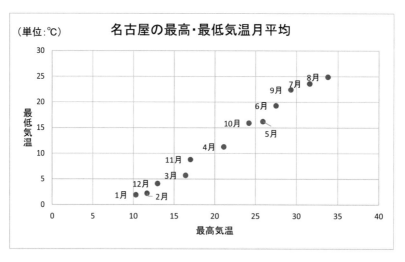

図8.8　散布図実行例

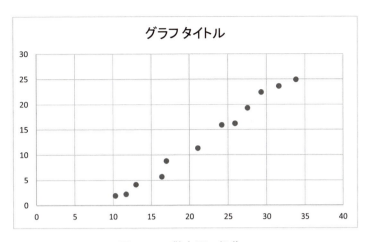

図 8 . 9　散布図の操作

設定」の作業ウィンドウが表示されるので，作業ウィンドウの右上にある「文字の
オプション」をクリックして「文字のオプション」に関するボタンを表示させます。
表示された 3 つのボタンの中から右端の「テキストボックス」をクリックして展開
される一覧から，「文字列の方向」のボックス右側にある▼をクリック，「文字列の
方向」を「左へ 90° 回転」から「縦書き」に変更します。

7 ．【挿入】タブの『テキスト』グループにある “テキストボックス” ボタンをクリッ
ク，カーソルの形の変化を確認して，グラフエリアの左上をクリックすると，テキ
ストボックスが作成されるので，そこに「単位：℃」と入力します。必要であれば，
位置や大きさを整えてバランス良く配置します。

8 ．グラフエリアの上部に表示されている「グラフタイトル」の枠内に「名古屋の最高・
最低気温月平均」と入力します。

⑤　複数項目にわたる比較―レーダーチャート―

　レーダーチャートは，複数項目の数値を 1 つのグラフに表示して全体の傾向を表すこと
ができます。加えて，グラフに複数の対象（系列）を表示して比較を行うことができます。
レーダーチャートでは原則として，各項目の軸は中心から外側の各頂点へと向かうにつれ
て数値が大きくなるように設定します。

　次の操作手順にそって，表 8 . 6「重要文化財都道府県別指定件数」をもとに，東京と

表8.6　重要文化財都道府県別指定件数　　　　　　　　（単位：件）

	彫　刻	絵　画	工　芸	書　跡	古書考古歴史	建造物
東　京	212	615	753	691	421	81
京　都	416	486	184	456	331	296

出所：文化庁「国宝・重要文化財都道府県別指定件数一覧」（平成29年2月1日）より作成。

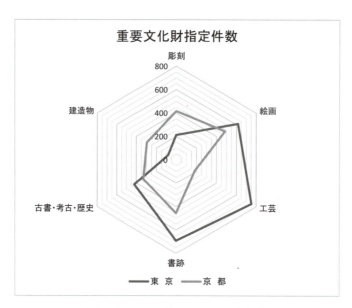

図8.10　レーダーチャート実行例

京都で登録されている重要文化財の件数を種類別に比較するグラフ（図8.10）を作成します。

操作手順

1．表8.6「重要文化財都道府県別指定件数」をワークシートに入力します。

2．入力した表全体を範囲選択して，【挿入】タブの『グラフ』グループにある"株価チャート，等高線グラフ，またはレーダーチャートの挿入"ボタンをクリック，表示される一覧から「レーダー」を選択してレーダーチャートを作成します（図8.11）。

3．レーダーチャートのグラフエリアをクリックして，グラフ右側に表示されるグラフ要素「＋」をクリック，グラフ要素の一覧にある「目盛線」右側の▶をクリックして，「第1主横軸」「第1補助横軸」のチェックボックスにチェックを入れます。

4．「軸」右側の▶をクリックして表示される一覧から「その他のオプション」を選択

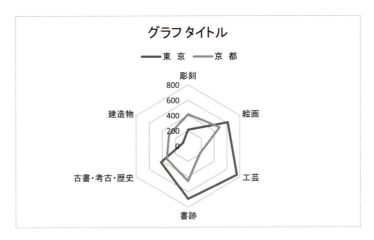

図8.11　レーダーチャートの操作

するとワークシートの右外に「軸の書式設定」の作業ウィンドウが表示されます。作業ウィンドウの上部にある4つのボタンから右端の「軸のオプション」を選択，その下に表示される“ラベルオプション”をクリックすると一覧が表示されるので，「補助目盛」のボックスに50と入力します。

5．グラフ（プロットエリア）内にある「系列”東京”」の線を右クリックして表示されるコンテキストメニューから「枠線」をクリックして，「系列”東京”」の色を標準の色「緑」に変更します。

6　グラフの種類の変更

　Excel では，先に作成したグラフを他の種類のグラフに変更することができます。グラフを変更した場合，元データとの関係やグラフ要素に設定された書式設定は引き継がれるため，新たにグラフを作成するよりも手軽に目的のグラフを作成できます。

　次の操作手順にそって，先に集合縦棒グラフで作成した（8.2❶）グラフ「東海3県の有権者数」（図8.2）を集合縦棒グラフから積み上げ縦棒グラフに変更します。

操作手順

　先に作成した集合縦棒グラフ，「東海3県の有権者数」（図8.2）のグラフエリアをクリックして，【デザイン】タブにある“グラフの種類の変更”ボタンをクリックすると《グ

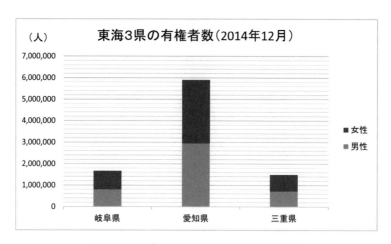

図 8.12 積み上げ縦棒グラフの実行例

ラフの種類の変更》ダイアログが開くので，「すべてのグラフ」の一覧から「縦棒」を選択，7種類の縦棒グラフのボタンから"積み上げ縦棒グラフ"ボタンをクリック，ダイアログ内に表示されたグラフのシミュレーションを確認して，"OK"をクリックします。

第 9 章　グラフの作成の応用

9.1　グラフの設定

1　グラフスタイルの変更

　作成したグラフにグラフスタイルを適用すると，複数のグラフ要素の書式設定を一度に変更して，素早くグラフの外観を変更することができます。また，クイックレイアウトや個々のグラフ要素の書式設定と併用することで，多様なパターンのグラフを作成できます。

　グラフスタイルは，グラフエリアをクリックして表示される【デザイン】タブの「グラフスタイル」のボックス，あるいはグラフエリアの右側に表示される"グラフスタイル"ボタンをクリックして表示される一覧からグラフに適したスタイルを選択して適用します。

2　グラフレイアウトの変更

　作成したグラフにクイックレイアウトを適用することで，グラフ要素の配置を一度に変更することができます。

　クイックレイアウトには，グラフの種類ごとに，複数のレイアウトが登録されており，【デザイン】タブの『グラフのレイアウト』グループにある"クイックレイアウト"ボタンをクリック，表示される一覧からレイアウトを選択して適用します。

3　グラフフィルター

　グラフフィルターを使用して，グラフに表示するデータを選択することができます。データを削除したり，新たにグラフを作成する必要がないため，手軽にデータの表示・非表示を切り換えることができます。

グラフエリアをクリックして右側に表示される“グラフフィルター”ボタンをクリックして表示される系列やカテゴリーの一覧から，非表示にしたいデータ項目のチェックを外して，「適用」をクリックします。

　また，系列やカテゴリーの名前を非表示にしたい場合には，一覧の上部にある「名前」をクリック，名前を非表示にしたい項目で「なし」を選択して「適用」をクリックします。

4　データの行と列の切り替え

　横（項目）軸に表示される項目とデータ系列（凡例項目）を入れ替えることができます。先に（8.2❶）で作成したグラフ「東海3県の有権者数」（図8.2）のデータの行と列を切り替えると横軸の項目が県名から性別に変わり，データ系列（凡例項目）が性別から県名に変わります（図9.1）。

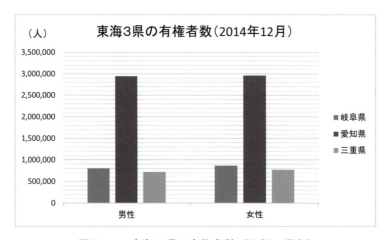

図9.1　東海3県の有権者数（凡例：県名）

表9.1　東海3県の有権者数（2014年12月）
（単位：人）

	男　性	女　性
岐阜県	803,494	865,272
愛知県	2,944,650	2,961,575
三重県	720,005	771,842
合　計	4,468,149	4,598,689

出所：総務省「第47回衆議院議員総選挙・最高裁判所
　　　裁判官国民審査結果調」より作成。

5 データソースの変更

　グラフ作成後に，グラフの元データ（データソース）の範囲や内容に変更を加える場合に，グラフ要素やレイアウトなどを維持したまま，変更のあった項目をグラフに反映させることができます。ここでは，先に（9.1❹）作成したグラフ「東海3県の有権者数」（図9.1）の元データ（表9.1）のデータ範囲や内容を変更して，グラフの表示を改めます。

●データ範囲の変更

　グラフエリアをクリックすると，元データが項目や値の入力されたセル範囲ごとに異なる色枠で区切られて表示されます。ポインタを色枠の右下カドに移動させ，1行下までドラッグするとデータ範囲が変更されて，グラフに「合計」の系列が追加されます（図9.2）。

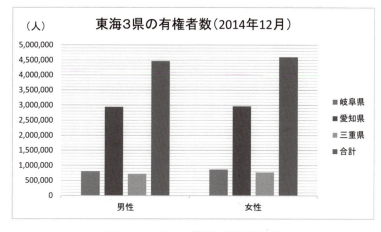

図9.2　データ範囲の変更実行例

●データソースの選択ダイアログ

　《データソースの選択》ダイアログから系列ごとにデータ範囲を設定することができます。まず，【デザイン】タブにある"データの選択"ボタンをクリックして「データソースの選択」ダイアログを開きます。《データソースの選択》ダイアログの「凡例項目（系列）」ボックスには，系列名と系列の追加，編集，削除を行うボタンが配置されています。

　グラフに「合計」の系列を追加するには，"追加"ボタンをクリックして表示される《系列の編集》ダイアログの「系列名」と「系列値」ボックスから，それぞれに対応するセル範囲を指定して，《系列の編集》ダイアログと《データソースの選択》ダイアログの

"OK" をクリックします。

このほか，既存の系列を削除する場合には，「凡例項目（系列）」ボックスから対象の系列を選択して，"削除" ボタンをクリックします。

また，既存の系列のデータ範囲や系列名を変更する場合には，「凡例項目（系列）」ボックスから対象の系列を選択，"編集" ボタンをクリックして《系列の編集》ダイアログの「系列名」および「系列値」ボックスに新たに設定する系列名やデータ範囲を入力します。

9.2　複合グラフの作成

1　縦棒グラフと折れ線グラフ

縦棒グラフや折れ線グラフを作成する際に，グラフに表示させるデータ系列間で値が大きく異なる場合や，値の単位，種類が異なる場合には，グラフに第2軸を設定します。

さらに，第1軸に関連付けられたデータ系列と第2軸に関連付けられたデータ系列を，それぞれ異なる種類のグラフを使って表示することで，性質の異なるデータを1つのグラフにわかりやすく表示することができます。

次の操作手順にそって，表9.2「雇用形態別雇用者数の推移」をもとに，正規・非正

表9.2　雇用形態別雇用者数の推移

	正規職員（万人）	非正規職員（万人）	正規職員の割合（％）
2007 年	3,449	1,735	66.5
2008 年	3,410	1,765	65.9
2009 年	3,395	1,727	66.3
2010 年	3,374	1,763	65.6
2011 年	3,352	1,811	64.9
2012 年	3,340	1,813	64.8
2013 年	3,294	1,906	63.3
2014 年	3,278	1,962	62.6
2015 年	3,304	1,980	62.5
2016 年	3,355	2,016	62.5

出所：総務省「労働力調査　長期時系列データ」より作成。
　　　http://www.stat.go.jp/data/roudou/longtime/03roudou.htm#hyo_2

図9.3 縦棒グラフと折れ線グラフ実行例

規職員の雇用者数と正規職員の割合の推移を表す複合グラフ（図9.3）を作成します。

操作手順

1. 表9.2「雇用形態別雇用者数の推移」をワークシートに入力します。

2. 入力した表全体を範囲選択して，【挿入】タブの『グラフ』グループにある“複合グラフの挿入”ボタンをクリックして表示される一覧から「ユーザー設定の複合グラフを作成する」を選択，《グラフの挿入》ダイアログの「ユーザー設定の組み合わせ」を開き，最下部に表示された系列，「正規職員の割合（%）」のグラフの種類を「折れ線」に変更，さらに第2軸にチェックを入れます。最後に，ダイアログ内に表示されたグラフのシミュレーションを確認して，“OK”をクリックします（図9.4）。

3. 複合グラフのグラフエリアをクリックして，グラフの右側に表示されるグラフ要素「＋」をクリックするとグラフ要素の一覧が表示されるので，「軸」「グラフタイトル」「目盛線」「凡例」のチェックボックスにチェックを入れます。

4. グラフ右側に表示されている“グラフスタイル”のボタンをクリック，表示される一覧から「スタイル7」を選択します。

5. 右側の縦軸（第2軸縦軸）を右クリックしてコンテキストメニューを開いて「軸の書式設定」を選択するとワークシートの右外に「データラベルの書式設定」の作業ウィンドウが表示されるので，作業ウィンドウの上部にある4つのボタンの中から右端にある「軸のオプション」を選択，その下に表示される“軸のオプション”を

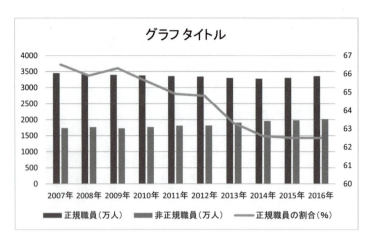

図9.4　縦棒グラフと折れ線グラフの操作

クリックすると一覧が表示されるので，境界値の「最小値」を 50，「最大値」を 70
に変更します。

6．グラフエリア上部に表示されている「グラフタイトル」の枠内に「雇用形態別雇用
者数」と入力します。

7．【挿入】タブの『テキスト』グループにある"テキストボックス"ボタンをクリッ
ク，カーソルの形が変化したのを確認して，グラフエリアの左上をクリック，テキ
ストボックスが作成されるので，そこに「(万人)」と入力します。必要であれば，
位置や大きさを整えてバランス良く配置します。同様に，グラフエリアの右上にテ
キストボックスを配置して「(%)」と入力します。

2　補助縦棒グラフ付き円グラフ

　円グラフは1つの系列内の構成比（内訳）を表すグラフですが，扇形の面積や角度で値
を表すため，値を長さで表す棒グラフなどに比べて，部分（扇形）どうしの値を比較する
場合にはあまり向きません。補助縦棒グラフ付き円グラフは，円グラフを構成する要素の
一部を縦棒グラフで表すことで，部分どうしの値をよりわかりやすく比較することができ
ます。

　次の操作手順にそって，表9.3「Jリーグ来場者のチケット入手方法」をもとにシー
ズンチケットと招待券以外の入手方法の割合を比較できる補助縦棒グラフ付き円グラフを
作成します（図9.5）。

操作手順

1. 表9．3「Ｊリーグ来場者のチケット入手方法」をワークシートに入力します。

2. 入力した表全体を範囲選択して，【挿入】タブの『グラフ』グループにある"円またはドーナツグラフの挿入"ボタンをクリックして表示される一覧から「補助縦棒グラフ付き円グラフ」を選択して補助縦棒グラフ付き円グラフを作成します（図9．6）。

3. 作成した補助縦棒グラフ付き円グラフのグラフ要素（扇形など）を左クリックで選択してから右クリックでメニューを開き，「データ要素の書式設定」を選択すると，「データ要素の書式設定」が開きます。さらに，上部にある３つのボタンのうち，右端に配置された「系列のオプション」をクリックして表示される一覧から，「系列の分割」を「位置」，「補助プロットの値」を「5」，「補助プロットのサイズ」を「100％」にそれぞれ設定します。

表9．3　Ｊリーグ来場者のチケット入手方法

	内　訳（％）
シーズンチケット	48.7
招待券	13.7
コンビニ	16.2
スタジアム	5.8
Ｊリーグチケット	3.4
クラブ公式HP	2.6
その他	9.6

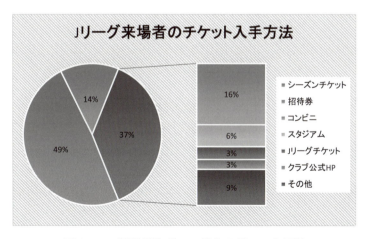

図9．5　補助縦棒グラフ付き円グラフ実行例

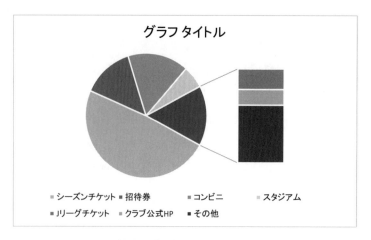

図9.6　補助縦棒グラフ付き円グラフの操作

4．グラフエリアをクリックして右側に表示される「グラフスタイル」ボタンをクリック，表示される一覧から「スタイル6」を選択します。

5．グラフタイトルに「Jリーグ来場者のチケット入手方法」と入力します。

第10章 Excel のデータベース としての活用

本章では，大量のデータから目的のデータを抽出したり分析したりできるように，Excel のデータベース機能を紹介します。

10. 1　データベース機能の利用

（1）データベースの概要

　大量のデータを検索，蓄積，加工しやすいように一定の形式でまとめられたデータの集合をデータベースと呼びます。Excel は表計算ソフトですが，データベースの機能も一部持ち合わせています。

（2）Excel のデータベース機能

　Excel のデータベース機能には，主要な機能として「並べ替え」「フィルター」「集計」があります。

　「並べ替え」は指定した基準でデータを並べ替えます。例えば，住所録を名前順で並べ替えたり，売上データを販売数量の多い順に並べ替えたりすることができます。

　「フィルター」は条件を指定し，その条件に合うデータを抽出します。例えば，住所録から住所が岐阜県である人を抽出したり，売上データから規定の販売数量以上のデータを抽出したりすることができます。

　「集計」はグループ別にデータの小計を算出します。例えば，住所録から地区別にデータの件数を求めたり，売上データから商品の種類別に売上高を求めたりすることができます。

（3）表の整形

　Excel のデータベース機能を利用するためには，図10. 1のように表を一定の形式に整える必要があります。

図10.1 データベースで利用する表形式

- レ コ ー ド　各行における1件分のまとまったデータ
- フィールド　各列の項目
- フィールド名　先頭行の項目名

　これまでの表と同じように見えますが，注意する点があります。表をデータベースとして扱うためには，結合されたセルが含まれていたり，空白行や空白列が含まれていたりしてはいけません。このような表はデータベースとして正しく認識されません。表の形式が整っていない場合は事前に整形しておきましょう。

（4）ファイルの準備

　本章では図10.1に示した伝統的工芸品の一覧データ「dentotekikogeihin_list.xlsx」を使用します。詳細については10.3節を参照し，ファイルを準備してください。

1　レコードの並べ替え

　レコードを並べ替えるには，並べ替えの基準となる列と順序を指定する必要があります。並べ替えの基準となる列をキーと呼ぶこともあります。

（1）昇順と降順

　並べ替えの順序には昇順と降順があります。データが小さい順に並ぶ順序（1, 2, 3, …）を昇順と呼び，大きい順に並ぶ順序（5, 4, 3, …）を降順と呼びます。データの種類ごとに昇順と降順を示すと表10.1のようになります。漢字の順序は，ふりがなが記録されているかどうかによって変わるので注意してください。ふりがなが記録されているかを確認する場合は，リボンの【ホーム】タブから『フォント』グループにある　ア亜　（ふりがな）ボタンをクリックします。

表 10. 1　昇順と降順

データの種類	昇　　順	降　　順
数　値	0 → 9	9 → 0
日付と時刻	古い日付 → 新しい日付	新しい日付 → 古い日付
アルファベット	A → Z	Z → A
ひらがな	あ → ん	ん → あ
カタカナ	ア → ン	ン → ア
漢字（ふりがなあり）	ふりがなの昇順	ふりがなの降順
漢字（ふりがななし）	JIS コードの昇順	JIS コードの降順

（2）単一のキーによるレコードの並べ替え

　はじめに基本的な並べ替えをしてみましょう。
レコードを並べ替えるには，リボンの【データ】
タブから『並べ替えとフィルター』グループにあ
るボタンを使用します（図10. 2）。　(昇順)
ボタンをクリックすると，アクティブセルの列を
キーとしてレコードを昇順に並べ替えます。また，　(降順) ボタンの場合は降順に並
べ替えます。

図 10. 2　並べ替えとフィルターボタン

　「伝統的工芸品の一覧データ」に対して，次の並べ替えを行いましょう。

【例題1】従事者数をキーに降順で並べ替えましょう。

　　　1.「従事者数」の列（S列）のいずれかのセルをクリックします。

　　　2.　(降順) ボタンをクリックします。

	A	B	C	D	E	Q	R	S	T	U
1	ID	名称	カナ表記	ローマ字表記	分野	発生日	企業数	従事者数	年生産額	調査年
2	9	本場大島紬	ホンバオオシマツムギ	HONBA-OSHIMA-TSUMUGI	織物	1975/2/17	341	7757	4532	2006
3	44	西陣織	ニシジンオリ	NISHIJIN-ORI	織物	1976/2/26	606	6000	47746	2006
4	53	京小紋	キョウコモン	KYO-KOMON	染色品	1976/6/2	846	5164	28575	2006
5	55	京友禅	キョウユウゼン	KYO-YUZEN	染色品	1976/6/2	846	5164	28575	2006
6	110	美濃焼	ミノヤキ	MINOY-YAKI	陶磁器	1978/7/2	539	4976	34830	2006
7	195	播州三木打刃物	バンシュウミキウチハモノ	BANSHU-MIKIUHIHAMONO	金工品	1996/4/8	416	3653	49096	2006
8	68	伊賀くみひも	イガクミヒモ	IGA-KUMIHIMO	その他繊維製品	1976/12/15	42	3450	979	2006
9	87	伊万里焼・有田焼	イマリヤキ・アリタヤキ	IMARI-ARITA-YAKI	陶磁器	1977/10/14	358	2922	23380	2006
10	22	熊野筆	クマノフデ	KUMANO-FUDE	文具	1975/5/10	135	2600	7500	2006

図 10. 3　従事者数をキーに降順で並べ替えた結果（一部）

並べ替えを実行すると図10.3のようになります。表がデータベースの形式となっていれば，Excelでは自動的に表の範囲を認識するので，アクティブセルをキーとして並べ替えを行うことができます。

（3）複数キーによるレコードの並べ替え

並べ替えに使用したいキーが複数ある場合について考えます。そのような場合は，

（並べ替え）ボタンから並べ替えの詳細設定を行います。「伝統的工芸品の一覧データ」に対して，次の並べ替えを行いましょう。

【例題2】企業数を昇順に並べ替え，企業数が同じ場合には発生日を降順に並べ替えましょう。

1．表内のセルをクリック（もしくは並べ替えの対象範囲A1:AA236を選択）します。

2．（並べ替え）ボタンをクリックします。

3．《並べ替え》ダイアログボックス（図10.4）で，次の設定を行い，"OK"ボタンをクリックします。

- ［先頭行をデータの見出しとして使用する］にチェックします。
- 「最優先されるキー」の列を「企業数」，順序を「昇順」に変更します。
- ［レベルの追加］をクリックし，「次に優先されるキー」の列を「発生日」，順序を「降順」に変更します。

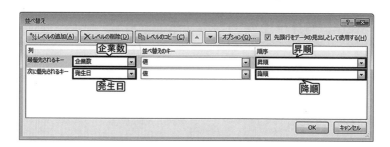

図10.4　並べ替えの詳細設定

並べ替えの結果は図10.5のようになります。

	A	B	C	D	E	Q	R	S	T	U
1	ID	名称	カナ表記	ローマ字表記	分野	発生日	企業数	従事者数	年生産額	調査年
2	216	羽越しな布	ウエツシナフ	UETSU-SHINAFU	織物	2005/9/22	1	81	15	2006
3	118	勝山竹細工	カツヤマタケザイク	KATSUMATA-TAKE-ZAIKU	竹工品	1979/8/3	1	1		2006
4	48	出雲石燈ろう	イズモイシドウロウ	IZUMO-ISHIDORO	石工品・貴石細工	1976/6/2	1	3		2006
5	8	本場大島紬	ホンバオオシマツムギ	HONBA-OSHIMA-TSUMIGI	織物	1975/2/17	2	164		2006
6	227	山鹿灯籠	ヤマガトウロウ	YAMAGA-TORO	その他工芸品	2013/12/26	3	14	35	2006
7	226	秩父銘仙	チチブメイセン	CHICHIBU-MEISEN	織物	2013/12/26	3	7	25	2006
8	130	鈴鹿墨	スズカスミ	SUZUKA-SUMI	文具	1980/10/16	3	5	45	2006
9	93	大洲和紙	オオズワシ	OZU-WASHI	和紙	1977/10/14	3	18	50	2006
10	46	松本家具	マツモトカグ	MATSUMOTO-KAGU	木工品	1976/2/26	4	80	440	2006

図10.5　複数キーによる並べ替えの結果（一部）

　<u>指定したキーの値がすべて同じレコードの順序については，並べ替え前のレコードの順序に依存する</u>ことに注意しましょう。例題2では例題1を引き続き使用して，企業数と発生日をキーとした並べ替えを行いました。そのため，企業数と発生日が同じレコードは従事者数の降順になります。直前に行った並べ替えの影響を意図せず受けないようにするためには次のいずれかを行っておくとよいでしょう。

- 元の順序（例では「ID」の昇順）に戻してから並べ替え
- 一意の順番になるようにキーを指定

（4）ユーザー定義の順序による並べ替え

　昇順や降順ではなく独自の順序を指定したい場合は，並べ替えの詳細設定で順序を指定する際に［ユーザー設定リスト］を指定します（図10.6）。

図10.6　ユーザー設定リストの指定

　《ユーザー設定リスト》ダイアログボックスが表示されるので，左側の一覧から［新しいリスト］を選択し，右側の「リストの項目」に新しい順序の値を列挙します（図10.7では，「地方」の順序として「北海道，東北，関東，中部，近畿，中国，四国，九州，沖縄」を入

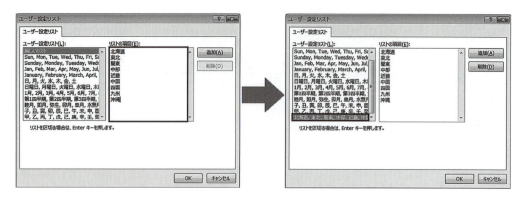

図10.7　新しい順序の追加

力しています)。"追加"ボタンをクリックすると,「リストの項目」に列挙した項目が左側の一覧に追加されるので,選択し"OK"ボタンをクリックします。

新しく追加した順序は,並べ替えの詳細設定にある順序の項目から選択できます。

② レコードの抽出

データベースにある多数のレコードから目的のレコードを取り出すにはフィルターを使用します。フィルターを使って条件を指定することにより,条件に合うレコードを取り出すことができます。

Excel のフィルターにはオートフィルターとフィルターオプションの2種類があります。単純な条件の場合はオートフィルターを使用し,複雑な条件の場合はフィルターオプションを使用します。

(1) オートフィルターを利用したレコード抽出

オートフィルターによるレコードの抽出には,リボンの【データ】タブから『並べ替えとフィルター』グループにある (フィルター) ボタンをクリックします (図10.2)。

「伝統的工芸品の一覧データ」に対してフィルターの準備をしましょう。

※「伝統的工芸品の一覧データ」は ID の昇順に戻しておきましょう。

1．フィルターの対象となる表内のセルをクリック（もしくはフィルターの対象範囲 A1:AA236 を選択）します。

2． （フィルター）ボタンをクリックします。

ここまでを終えると表の先頭行の各セル（フィールド名）に ▼ が表示されます。この段階でフィルターが使用可能な状態になりました。▼ をクリックすると各フィールドに対して条件を指定することができます。フィールドにあるデータの種類によって，テキストフィルター，数値フィルター，日付フィルターの3つがあります。それでは実際に条件を指定してレコードの抽出を行いましょう。

（2）値の一覧から選択してレコードを抽出

フィールドに存在する値の一覧から抽出する条件を選択する場合は次のようにします。

【例題3】「分野」が「漆器」であるレコードを抽出しましょう。

1．フィールド「分野」（セルE1）の ▼ をクリックします。

2．メニューの中に「分野」に存在する値の一覧が表示されるので，抽出したい項目［漆器］にチェックを入れ，"OK" ボタンをクリックします。

フィルターを実行した結果は図10.8になります。条件に一致するレコードが表示され，条件に合わないレコードは一時的に非表示となります。また，画面左下のステータスバーには抽出したレコードの件数が表示されます。

	A	B	C	D	E	F	G	H	I	J	K
1	ID	名称	カナ表記	ローマ字表記	分野	カテゴリー	指定	地方	都道府県	都道府県コー	製品
2	1	木曽漆器	キソシッキ	KISO-SHIKKI	漆器	LACQUERWARE	伝統的工芸品	中部	長野県	20	
8	7	飛騨春慶	ヒダシュンケイ	HIDA-SHUNKEI	漆器	LACQUERWARE	伝統的工芸品	中部	岐阜県	21	
14	13	会津塗	アイヅヌリ	AIZU-NURI	漆器	LACQUERWARE	伝統的工芸品	東北	福島県	7	椀重箱茶托盆
19	18	越前漆器	エチゼンシッキ	ECHIZEN-SHIKKI	漆器	LACQUERWARE	伝統的工芸品	中部	福井県	18	椀膳盆重箱
26	25	津軽塗	ツガルヌリ	TSURUGA-NURI	漆器	LACQUERWARE	伝統的工芸品	東北	青森県	2	
28	27	山中漆器	ヤマナカシッキ	YAMANAKA-SHIKKI	漆器	LACQUERWARE	伝統的工芸品	中部	石川県	17	漆器
29	28	輪島塗	ワジマヌリ	WAJIMA-NURI	漆器	LACQUERWARE	伝統的工芸品	中部	石川県	17	什器装飾品家具
36	35	高岡漆器	タカオカシッキ	TAKAOKA-SHIKKI	漆器	LACQUERWARE	伝統的工芸品	中部	富山県	16	盆箱物室内調度品
39	38	香川漆器	カガワシッキ	KAGAWA-SHIKKI	漆器	LACQUERWARE	伝統的工芸品	四国	香川県	37	盆漆托菓子器座卓
42	41	京漆器	キョウシッキ	KYO-SHIKKI	漆器	LACQUERWARE	伝統的工芸品	近畿	京都府	26	茶道具[食器]家具
48	47	村上木彫堆朱	ムラカミキボリツイシュ	MURAKAMI-KIBORI-TSUISHU	漆器	LACQUERWARE	伝統的工芸品	中部	新潟県	15	
71	70	川連漆器	カワツラ	KAWATSURA-SHIKKI	漆器	LACQUER	伝統的	東北		5	重箱

準備完了　235 レコード中 23 個が見つかりました

図 10.8　フィルターの実行結果

例えば，「漆器」だけでなく「陶磁器」のレコードも抽出したい場合は，再度フィルターのメニューから［陶磁器］にチェックを入れます。また，別フィールドのフィルターに対して条件を指定すると，さらにレコードの絞り込みを行うこともできます。

（3）フィルターの解除

　特定のフィルターを解除するには，フィルターのメニューから［○○からフィルターをクリア］をクリックします。すべてのフィルターを解除する場合は，リボンの【データ】タブから『並べ替えとフィルター』グループにある ▼×クリア （クリア）ボタンをクリックします。

（4）テキストフィルター

　指定した文字列を含むかどうかによってレコードを抽出する場合はテキストフィルターを使用します。

【例題4】「製品」に「花器」を含むレコードを抽出しましょう。

　　　　※別のフィルターが設定されている場合は解除しておきましょう。

　　1．フィールド「製品」（セルK1）の ▼ をクリックします。

　　2．メニューから［テキストフィルター］をクリックし，［指定の値を含む］をクリックします。

　　3．《オートフィルターオプション》ダイアログボックスが開くので，テキストボックスに「花器」と入力し，"OK"ボタンをクリックします。

　フィルターを実行すると，235レコードから44レコード抽出されます。［指定の値を含む］以外にも［指定の値に等しい］や［指定の値を含まない］など抽出したい状況に応じて条件を使い分けることができるようにしましょう。

（5）数値フィルター

　数値フィルターでは，指定した数値の「以上」「以下」「未満」や「範囲内であるか」などの条件によってレコードを抽出することができます。

【例題5】「従事者数」が「1000以上かつ2000以下」であるレコードを抽出しましょう。

　　　　※別のフィルターが設定されている場合は解除しておきましょう。

　　1．フィールド「従事者数」（セルS1）の ▼ をクリックします。

　　2．メニューから［数値フィルター］をクリックし，［指定の範囲内］をクリックします。

　　3．《オートフィルターオプション》ダイアログボックスが開くので，上段のテキストボックスに「1000」，下段のテキストボックスに「2000」を入力し，"OK" ボタンをクリックします。

　フィルターを実行すると235レコードから17レコード抽出されます。数値フィルターでは，指定した数値による抽出以外に，数値の上位（下位）から指定した件数を抽出する［トップテン］や平均値より上（もしくは下）のレコードを抽出する方法が用意されています。

（6）日付フィルター

　日付フィルターでは，指定した日付より前や後といった形式で条件を指定したり，「今日」を基準として「明日」や「先週」などのように日，週，年の前後を条件として指定したりすることができます。

【例題6】「発生日」が「2004年9月以降」であるレコードを抽出しましょう。

　　　　※別のフィルターが設定されている場合は解除しておきましょう。

　　1．フィールド「発生日」（セルQ1）の ▼ をクリックします。

　　2．メニューから［日付フィルター］をクリックし，［ユーザー設定フィルター］をクリックします。

　　3．《オートフィルターオプション》ダイアログボックスが開くので，テキストボックスに「2004/9/1」と入力します。

　　　（■ （カレンダー）ボタンをクリックしてカレンダーから指定することもできます）

　　4．条件の範囲を「と等しい」から「以降」に変更し，"OK" ボタンをクリックします。

フィルターを実行すると 235 レコードから 21 レコード抽出されます。今回の例では，日付フィルターに「指定の値以降」の項目がないので，代わりに［ユーザー設定フィルター］を使いました。これまでに紹介したテキストフィルターと数値フィルターにも［ユーザー設定フィルター］が用意されています。すでに用意されている方法以外で条件を指定したい場合は［ユーザー設定フィルター］を使って，値とその範囲を指定しましょう。

（7）フィルターオプションを利用したレコード抽出

　これまでオートフィルターを使ってさまざまな条件でレコードを抽出する方法について見てきました。オートフィルターでは，フィールドごとに取り出したい条件を指定してレコードを抽出します。しかし，そのような方法では抽出したいレコードを取り出せない場合があります。より複雑な条件でレコードを抽出したいときはフィルターオプションを使います。フィルターオプションを使う前に，オートフィルターでは対応できない例について確認しておきましょう。

（8）オートフィルターでレコードを抽出できない例
※同一フィールドで 3 つ以上の条件を指定したい場合

　数値フィルターの例では「従事者数が 1000 以上かつ 2000 以下」であるレコードの抽出を行いました。この条件では「従事者数」というフィールドに対して，「1000 以上」と「2000 以下」という 2 つの条件を指定しています。これに加えて「従事者数が 500 以下」という条件をオートフィルターで追加することはできません。図 10. 9 に示すようにオートフィルターでは同一フィールドに指定可能な条件は 2 つまでです。

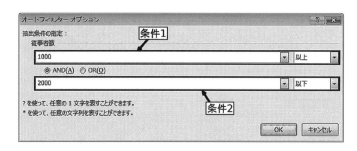

図 10. 9　指定可能な条件の数

※異なるフィールドに対して条件を指定したい場合

　オートフィルターを利用すると，各フィールドに対して条件を指定することができます。

「分野が織物」と「発生日が 2004 年 9 月以降」を指定すると，「分野が織物かつ発生日が 2004 年 9 月以降」の条件で抽出することができます（「A かつ B」のように複数の条件を同時に満たすような条件を AND 条件と呼びます）。しかし，オートフィルターでは「分野が織物または発生日が 2004 年 9 月以降」のような条件を指定することはできません（「A または B」のように複数の条件のいずれかを満たすような条件を OR 条件と呼びます）。

オートフィルターで指定できない条件は，**異なる**フィールドに対する OR 条件である点に注意してください。例えば，図 10.10 の「発生日が 1990 年より**前**または 2000 年以降」のように同一フィールドであれば OR 条件を指定することができます。

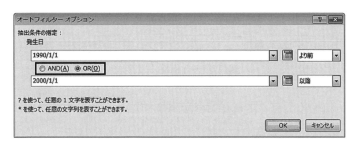

図 10.10　AND 条件と OR 条件の選択

（9）フィルターオプションによる条件の指定

それではオートフィルターの代わりにフィルターオプションを使ったレコードの抽出を行っていきましょう。オートフィルターは （フィルター）ボタンをクリックして解除しておきます。フィルターオプションでは，オートフィルターのように各フィールド名のメニューから条件を指定することはしません。代わりにシートの中にあらかじめ条件を作成する必要があります。準備として，条件を入力する欄をシートの中に作成しておきましょう。「伝統的工芸品の一覧データ」に対して，条件を入力できるよう（今回は 1 行目から 5 行目に）あらかじめ空行を入れておきます。

フィルターオプションの基本的な操作として，まずは簡単な例を使ってレコードの抽出をしてみましょう。

【例題7】「分野」が「織物」かつ「企業数」が「100以上」のレコードを抽出しましょう。

1. レコードを抽出する条件を入力します。図10.11のように条件は列ごとに指定します。

条件	A	B	C	D	E
1	分野	企業数			
2	織物	>=100			
3					
4					
5					
6	ID	名称	カナ表記	ローマ字表記	分野
7	1	木曽漆器	キソシッキ	KISO-SHIKKI	漆器
8	2	久米島紬	クメジマツムギ	KUMEJIMA-TSUMUGI	織物

図10.11　条件の入力

2. フィルターオプションの設定を行います。フィルターの対象となる表内のセル（A6:AA241のいずれか）をクリックした状態で，リボンの【データ】タブから『並べ替えとフィルター』グループにある 詳細設定 （詳細設定）ボタンをクリックします。《フィルターオプションの設定》ダイアログボックス（図10.12）が現れるので，各設定をします。

　• 抽出先

　　　抽出の結果をリスト範囲以外に表示したい場合に利用します。ダイアログボックス上部の「抽出先」を［指定した範囲］に変更すると入力できる状態になります。今回の例では「抽出先」を［選択範囲内］にしておき，リスト範囲と同じ場所に抽出結果を表示します。

　• リスト範囲

　　　抽出対象の表の範囲（例では$A$6:$AA$241）を入力します。あらかじめ抽出対象の表内のセルが選択されていれば，自動的に範囲が入力されます。

　• 検索条件範囲

　　　作成した条件の範囲を入力します。テキストボックスにカーソル

図10.12　フィルターオプションの設定

104 ◇

がある状態で，マウスを使って範囲を選択することができます。今回は
A1:B2 を選択し，Sheet1!\$A\$1:\$B\$2 と入力されることを確認しておき
ます。

各項目の設定が完了したら "OK" ボタンをクリックし，レコードの抽出
を実行します。

　フィルターした結果は図 10.13 のようになり，235 レコードから 10 レコード抽出され
ます。

	A	B	C	D	E	K	L	M	N	O	P	Q	R	S
1	分野	企業数												
2	織物	>=100												
3														
4														
5														
6	ID	名称	カナ表記	ローマ字表記	分野	製品	市区町村	期	年	月	日	発生日	企業数	従事者数
8	2	久米島紬	クメジマツムギ	KUMEJIMA-TSUMUGI	織物	着物地縞絣などの絹織物	島尻郡久米島町	1	1975	2	17	1975/2/17	149	154
15	9	本場大島紬	ホンバオオシマツムギ	HONBA-OSHIMA-TSUMUGI	織物	着物地	鹿児島市大島郡竜郷町笠利町	1	1975	2	17	1975/2/17	341	7757
50	44	西陣織	ニシジンオリ	NISHIJIN-ORI	織物	着物地金襴帯地祭用装束	京都市宇治市亀岡市南丹市長岡京市	4	1976	2	26	1976/2/26	606	6000
69	63	読谷山花織	ヨミタンザンハナオリ	YOMITANZAN-HANAORI	織物	着物地テーブルセンター帯	中頭郡読谷村	5	1976	6	2	1976/6/2	155	155
70	64	読谷山ミンサー	ヨミタンザンミンサー	YOMITANZAN-MINSA	織物	帯	中頭郡読谷村	5	1976	6	2	1976/6/2	155	155
90	84	結城紬	ユウキツムギ	YUKI-TSUMUGI	織物	着物地帯	結城市下妻市筑西市結城郡八千代町	7	1977	3	30	1977/3/30	215	305
91	85	結城紬	ユウキツムギ	YUKI-TSUMUGI	織物	着物地帯	小山市下野市佐野市上三川町栃木町二宮町	7	1977	3	30	1977/3/30	128	212
102	96	桐生織	キリュウオリ	KIRYU-ORI	織物	着物地帯	桐生市太田市みどり市足利市	8	1977	10	14	1977/10/14	261	1755
184	178	八重山上布	ヤエヤマジョウフ	YAEYAMA-JOFU	織物	着物地帯タペストリーめがね	石垣市八重山郡竹富町	24	1989	4	11	1989/4/11	177	377
185	179	八重山ミンサー	ヤエヤマミンサー	YAEYAMA-MINSA	織物	男物半衿帯ネクタイ小物	石垣市八重山郡竹富町	24	1989	4	11	1989/4/11	177	377
242														

図 10.13　フィルターオプションによる抽出の結果

　フィルターを解除したい場合は，オートフィルターの場合と同じように ![クリア] （クリ
ア）ボタンをクリックします。

（10）条件の指定方法

　例題 7 で入力した条件（図 10.11）を確認してみましょう。条件は 2 つあり，A 列は
「分野が織物である」ことを表し，B 列は「企業数が 100 以上である」ことを表していま
す。最初の行にはフィールド名，次の行以降は各フィールドの条件の値を入力します。

- AND 条件

　複数の条件を同時に満たすような条件の指定には AND 条件を使います。条件の値
が同じ行に並ぶと AND 条件になります。図 10.14 の場合，セル A2 の「織物」が
「分野が織物である」を表し，セル B2 の「>=100」が「企業数が 100 以上である」を
表します。これらの条件は同じ行にあるので，「分野が織物であるかつ企業数が 100
以上である」という AND 条件を表します。

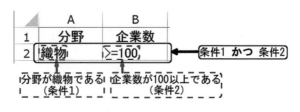

図 10.14　AND 条件

- OR 条件

　複数の条件からいずれかを満たすような条件の指定には OR 条件を使います。条件の値が別の行に並ぶと OR 条件になります。図 10.15 の場合，2 行目が「分野が織物である」を表し，3 行目が「企業数が 100 以上である」を表します。これらの条件は別の行にあるので，「分野が織物であるまたは企業が 100 以上である」という OR 条件を表します。

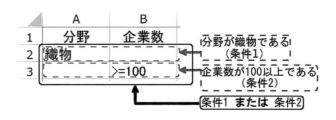

図 10.15　OR 条件

- 数値と日付の条件指定

　数値と日付の条件を指定する場合は，比較演算子（=, <>, <, <=, > ,>=）を使用します。日付を入力する場合はスラッシュ（/）を使います。

　等号（=）は通常の数式として評価されるため，入力の際には注意が必要です（図10.16）。日付を入力したつもりでも，等号の後に続けて日付を入力すると割り算とし

入力時 A		表示（評価結果）A	
1	200	1	200
2	=200	2	200
3	="=200"	3	=200
4	2010/10/2	4	2010/10/2
5	=2010/10/2	5	100.5
6	="=2010/10/2"	6	=2010/10/2

図 10.16　入力と評価

て評価されます。条件を文字列として表すようにダブルクォート（"）で囲む必要があります。

- テキストの条件指定

　条件の値として文字列をそのまま入力した場合は，入力した文字列から始まる値に一致します（前方一致）。また，「="=文字列"」と入力すると文字列と同じ場合に一致します（完全一致）。ワイルドカード（表10.2）と呼ばれる文字を使用すると，一部の文字列と一致する条件（部分一致）を記述することができます。各条件によって一致の仕方に違いがあるので，注意しましょう。条件と条件に一致する値の例を表10.3に示します。

表10.2　ワイルドカード

ワイルドカード	意　味
?	任意の1文字
*	0個以上の任意文字
~	ワイルドカードの前に付けると，ワイルドカードを通常の文字として扱う

表10.3　フィルター対象の表（左）と条件の例（右）

分　野	条　件	条件に一致する値
木工品	="=木工品"	「木工品」
竹工品	="??器"	「陶磁器」
石工品・貴石細工	="=*品"	「木工品」，「竹工品」，「その他工芸品」「その他繊維製品」
漆器		
陶磁器	<>*品	「石工品・貴石細工」，「漆器」，「陶磁器」
その他工芸品	=”*工品*”	「木工品」，「石工品・貴石細工」，「竹工品」
その他繊維製品	=”*工品?*”	「石工品・貴石細工」
	その他	「その他工芸品」「その他繊維製品」
	="=その他"	一致なし

（11）複雑な条件によるレコード抽出

　オートフィルターオプションを使って，複雑な条件を指定してみましょう。

【例題 8】「都道府県」が「岐阜県」かつ「発生日」が「1980 年以降」，または「都道府県」が「岐阜県」かつ「従事者数」が「100 未満」であるレコードを抽出しましょう。

　条件を入力することができれば残りの手順は例題 7 と同じなので，ここでは条件について説明します。条件全体としては「都道府県が岐阜県かつ発生日が 1980 年以降（条件 1）」と「都道府県が岐阜県かつ従事者数が 100 未満（条件 2）」の OR 条件です。さらに条件 1 を見ると「都道府県が岐阜県（条件 1-A）」と「発生日が 1980 年以降（条件 1-B）」の AND 条件，条件 2 を見ると「都道府県が岐阜県（条件 2-A）」と「従事者数が 100 未満（条件 2-B)」の AND 条件になっています。

　条件全体を確認したうえで入力すると図 10.17 になります。条件 1 は条件 1-A と条件 1-B を同時に満たすようにしたいので，各条件の値が同じ行になるように入力します。条件 2 も条件 2-A と条件 2-B を同時に満たすようにしたいので，「岐阜県」と「<100」を同じ行に入力する必要があります。ただし，条件 2 は条件 1 と OR 条件でつながっているので，条件 1 とは別の行になるように入力します。

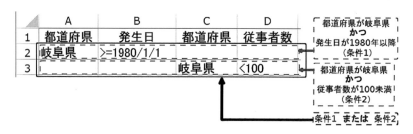

図 10.17　条件の入力例

　条件を入力し，フィルターを実行すると 235 レコードから 3 レコード抽出されます。
　今回は都道府県を別々のフィールドとして条件を入力しましたが，図 10.18 のように入力しても構いません。フィールド名が同じ場合は 1 列にまとめることができます。

	A	B	C
1	都道府県	発生日	従事者数
2	岐阜県	>=1980/1/1	
3	岐阜県		<100

図 10.18　条件の入力例（列を統合）

	A	B	C
1	都道府県	発生日	従事者数
2	岐阜県	>=1980/1/1	<100

図 10.19 条件の入力例（誤り）

一方で図 10.18 の条件の値にある「岐阜県」は同じですが，図 10.19 のように行をまとめることはできません。同じ行に条件の値が並ぶと AND 条件になるので，「都道府県が岐阜県**かつ**発生日が 1980 年以降**かつ**従事者数が 100 未満」となり，元々の条件と異なります。同じ行にある条件が AND 条件でつながり，各行は OR 条件でつながることに注意しておきましょう。

③ レコードの集計

レコードをグループ別に集計する方法について説明します。例えば，次のような状況

- 売上を記録したデータベースから商品別の売上を求めたい
- 学生の成績データベースからクラス別の平均点を求めたい

では，集計の機能を利用すると効率的に計算をすることができます。

（1）集計の方法

レコードを集計するには次の手順を行います。

1．集計したいグループ別にレコードを並べ替え

グループの基準となるフィールドをキーとして並べ替えを行います。

2．集　計

集計の際には次の項目を指定する必要があります。

- 基準となるグループ
- 集計方法（合計，平均，データの個数など）
- 集計対象のフィールド

「伝統的工芸品の一覧データ」を使って，実際に集計をしてみましょう。フィルターが設定されている場合は解除，条件のセルが入力されている場合は削除して，元の状態に戻しておきましょう。

【例題9】「都道府県」別に「年生産額」の合計額を求めましょう。

　　　1．フィールド「都道府県」をキーにして並べ替えを行います。順序は問いま
　　　　せんが，ここでは昇順とします。

　　　2．リボンの【データ】タブから『アウトライン』グループにある （小

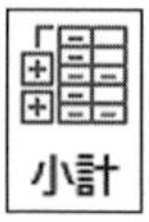

　　計）ボタンをクリックします。図 10.20 のように各種項目を設定します。

　　　●グループの基準で「都道府県」を指定します。

　　　●集計の方法で「合計」を選択します。

　　　●集計するフィールドでは「集計の方法」の計算対象となるフィールドを
　　　　指定します。ここでは「年生産額」にチェックを入れます。

図 10.20　集計の設定

　　　　以上を設定したら"OK"ボタンをクリックし，集計を実行します。

　　集計した結果は図 10.21 のようになります。グループ別に集計行が追加され，レコー

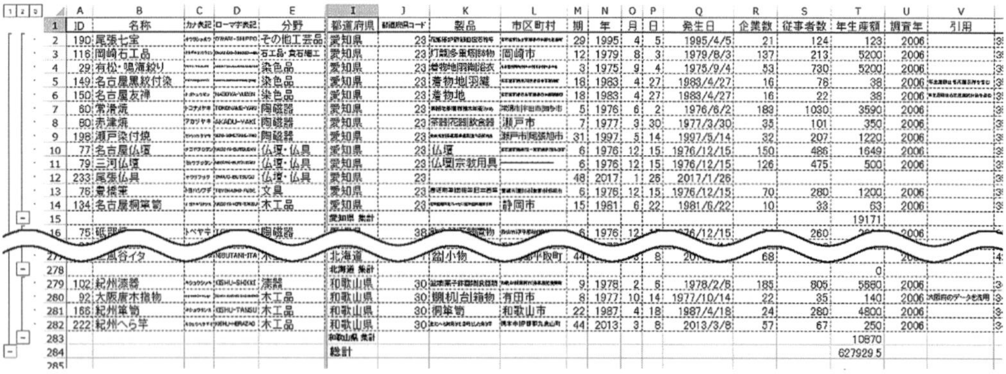

図 10.21　集計した結果

ドの最終行にはグループ全体の集計行が追加されます。

　画面左側に表示されているのはアウトラインです。[-] をクリックするとレコードをグループに畳み込んで表示します。[+] をクリックすると，畳み込んでいるグループを展開してレコードを表示します。番号の付いたボタンはグループのレベル（階層）を表し，クリックするとレベルに応じて表示方法が変わります。[1] をクリックすると全体の集計行のみを表示し，番号が大きくなるにつれてより詳細な集計結果を表示します。

（2）集計行の追加

　さらに集計したい項目がある場合は追加することができます。

【例題10】例題9に追加で「都道府県」別の「企業数」と「従事者数」の平均を求めましょう。

1．再び　　　（小計）ボタンをクリックし，図 10.22 のように各種項目を設定します。

- グループの基準で「都道府県」を指定します。
- 集計の方法で「平均」を選択します。
- 集計するフィールドで「企業数」と「従事者数」にチェックを入れ，「年生産額」のチェックを外します。
- [現在の小計をすべて置き換える] のチェックを外します。チェックを入れた状態では，すでに集計された結果がこれから集計する結果に置き換えられます。

図 10.22　集計項目を追加

以上を設定したら "OK" ボタンをクリックし，集計を実行します。

集計した結果は図10.23のようになります。既存の集計結果に加えて，グループ別に平均の行が追加されます。また，レコードの最終行にはグループ全体の平均が追加されます。

	ID	名称	カナ表記	ローマ字表記	分野	都道府県	都道府県コード	製品	市区町村	期	年	月	日	発生日	企業数	従事者数	年生産額	調査年
2	29	有松・鳴海絞り			染色品	愛知県	23	着物地羽織胴衣		3	1975	9	4	1975/9/4	53	730	5200	2006
3	60	常滑焼	トコナメヤキ	TOKONAME-YAKI	陶磁器	愛知県	23		常滑市半田市知多市	5	1976	6	2	1976/6/2	183	1030	3590	2006
4	76	豊橋筆	トヨハシフデ	TOYOHASHI-FUDE	文具	愛知県	23			6	1976	12	15	1976/12/15	70	280	1200	2006
5	77	名古屋仏壇	ナゴヤブツダン	NAGOYA-BUTSUDAN	仏壇・仏具	愛知県	23	仏壇		6	1976	12	15	1976/12/15	150	486	1649	2006
6	79	三河仏壇	ミカワブツダン	MIKAWA-BUTSUDAN	仏壇・仏具	愛知県	23	仏壇宗教用具		6	1976	12	15	1976/12/15	126	475	500	2006
7	80	赤津焼	アカヅヤキ	AKADU-YAKI	陶磁器	愛知県	23	茶器花器飲食器	瀬戸市	7	1977	3	30	1977/3/30	35	101	350	2006
8	116	岡崎石工品			石工品・貴石細	愛知県	23	灯籠多重塔珠物	岡崎市	12	1979	8	3	1979/8/3	137	213	5200	2006
9	134	名古屋桐箪笥			木工品	愛知県	23		静岡市	15	1981	6	22	1981/6/22	10	33	63	2006
10	149	名古屋絞付染			染色品	愛知県	23	着物地羽織		18	1983	4	27	1983/4/27	16	78	38	2006
11	150	名古屋友禅			染色品	愛知県	23	着物地		18	1983	4	27	1983/4/27	16	22	38	2006
12	190	尾張七宝	オワリシッポウ	OWARI-SHIPPO	その他工芸	愛知県	23	花瓶壺額飾板置物花器物		29	1995	4	5	1995/4/5	21	124	123	2006
13	198	瀬戸染付焼	セトソメツケヤキ	SETO-SOMETSUKE-YAKI	陶磁器	愛知県	23		瀬戸市尾張旭市	31	1997	5	14	1997/5/14	32	207	1220	2006
14	233	尾張仏具	オワリブツグ	OWARI-BUTSUGU	仏壇・仏具	愛知県	23			48	2017	1	26	2017/1/26				
15						愛知県 平均										70.75	3149166667	
16						愛知県 集計											19171	
17	75	砥部焼	トベヤキ	TOBE-YAKI	陶磁器	愛媛県	38	飲食器割花器置物	松山市下浮穴郡砥部町	6	1976	12	15	1976/12/15	74	260	2000	2006
18	93	大洲和紙	オオズワシ	OZU-WASHI	和紙	愛媛県	38	障子紙にに書道用和紙	西予市喜多郡内子町	8	1977	10	14	1977/10/14	3	18	50	2006
19						愛媛県 平均										38.5	139	
20						愛媛県 集計											2050	

図10.23　集計項目を追加した後の集計結果

（3）集計結果の削除

　集計した結果を削除しレコードを元の状態に戻すには，（小計）ボタンをクリックし，《小計の設定》ダイアログボックス下部にある "すべて削除" ボタンをクリックします。また，レコードの順番はグループ別に並べ替えた状態なので，必要に応じて再度並べ替えを行います。

4 テーブルの利用

　データベース機能である並べ替え，抽出，集計を学んだことで，目的に応じてデータを分析できるようになりました。本節で紹介するテーブルはデータベース機能に加えて，表の書式や値の修正などデータの管理に関して利便性を向上させます。
　テーブルの主な利点は次のとおりです。

- 見やすい表のデザインが適用される
- レコードやフィールドを追加しても書式が維持される
- オートフィルターが利用できる状態になる
- 集計行の追加ができる

テーブルに変換すると，すぐに上記の利点を得ることができます。

（1）テーブルへの変換

「伝統的工芸品の一覧データ」をテーブルに変換してみましょう。

1．テーブルに変換したい表内のセルをクリック（もしくは表の範囲 A1:AA236 を選択）します。

2．リボンの【挿入】タブから『テーブル』グループにある ▦ （テーブル）ボタンをクリックします。

3．《テーブルの作成》ダイアログボックスが表示されるので，次の内容を確認し，"OK" ボタンをクリックします。

- 変換対象の範囲（A1:AA236）がテキストボックスに入力されていることを確認します。

- 先頭行がフィールド名であれば，［先頭行をテーブルの見出しとして使用する］にチェックを入れます（今回の例ではチェックを入れておきます）。

　表をテーブルに変換すると図 10.24 のような形になります。テーブルスタイルという書式が適用され，セルに対して 1 行おきに異なる色が設定されます。また，各フィールド名に ▼ が表示されオートフィルターが利用できる状態になります。テーブルを下にスクロールすると，これまで A, B, C, … と表示されていた列番号がフィールド名に切り替わります。

	ID	名称	カナ表記	ローマ字表記	分野	カテゴリー	指定	地方	都道府県	都道府県	製品	市区町村	
55	54	京指物	キョウサシモノ	KYO-SASHIMONO	木工品	WOODENWORK	伝統的工芸品	近畿	京都府	26	簞笥飾棚茶道具	京都市	
56	55	京友禅	キョウユウゼン	KYO-YUZEN	染色品	WEAVING	伝統的工芸品	近畿	京都府	26	着物地コート羽織		
57	56	久留米絣	クルメカスリ	KURUME-KASURI	織物	WEAVING	伝統的工芸品	九州	福岡県	40	着物裃床材インテリア雑貨		
58	57	甲州水晶貴石細工		KOSHU-SUISHO-KISEKI-ZAIKU	石工品・貴石細工	STONEWORK	伝統的工芸品	中部	山梨県	19	置物装身具		
59	58	壺屋焼	ツボヤヤキ	TSUBOYA-YAKI	陶磁器	CERAMICS	伝統的工芸品	沖縄	沖縄県	47			
60	59	東京染小紋	トウキョウソメコモン	TOKYO-SOME-KOMON	染色品	DYEING	伝統的工芸品	関東	東京都	13	着物地羽織		
61	60	常滑焼	トコナメヤキ	TOKONAME-YAKI	陶磁器	CERAMICS	伝統的工芸品	中部	愛知県	23		常滑市半田市知多市	

図 10.24　テーブルに変換した結果

（2）レコードとフィールドの追加について

　新たにレコードやフィールドを追加しても，テーブルスタイルによる書式が適用されるので，改めて書式を設定する必要はありません。ただし，どの行や列に追加してもよいというわけではなく，テーブルの範囲内もしくは範囲に隣接する行や列でないとテーブルスタイルが適用されないので注意しましょう。

（3）集計行の追加

テーブルでは集計を行うこともできます。

1. テーブル内のセルを選択します。
2. リボンの【デザイン】タブから『テーブルスタイルのオプション』グループにある
   ［集計行］にチェックを入れます。

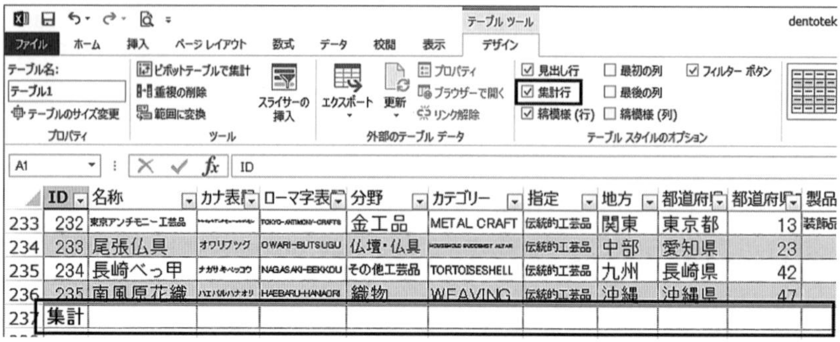

図 10.25　集計行の追加

図 10.25 のようにテーブルの最後の行に集計行が追加されます。同時に最も右に位置するフィールドの集計が行われます。

集計行のフィールドを選択すると，▼ が現れます。▼ をクリックすると，フィールドの集計方法を選択することができます（図 10.26）。

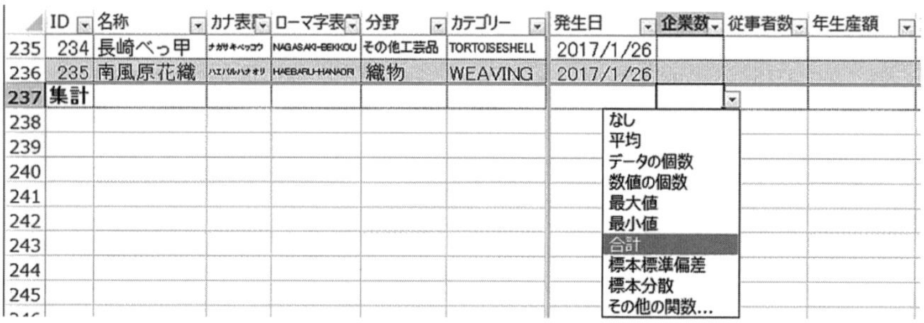

図 10.26　集計行フィールドを選択

集計行はすべてのレコードに対して集計することはできますが，グループ別に集計することはできない点に注意しましょう。

（4）テーブルの解除

変換したテーブルを元の状態に戻すには，次の手順で行います。

1. リボンの【デザイン】タブから『ツール』グループにある ▣▣**範囲に変換**（範囲に変換）ボタンをクリックします。
2. 「テーブルを標準の範囲に変換しますか？」に対して［はい］をクリックします。

ただし，テーブルスタイルで適用された書式は解除されないので，修正の必要があります。

10.2　練習問題

伝統的工芸品の一覧データ「dentotekikogeihin_list.xlsx」について，以下の問題に解答しましょう。

1. 企業数の平均値より上であるレコードを抽出しましょう。
2. 中部地方で製品が複数ある，もしくは，分野が金工品で3つ以上の市区町村を含んでいるレコードを抽出しましょう（製品と市区町村のフィールドでは，複数の値が「|」で区切って入力されています）。
3. 集計機能を使って，「地方」別「都道府県」別に「企業数」の合計を求めましょう。また，集計結果が図10.27のようになることを確認しましょう（一部結果を畳み込

	A	B	C	D	E	H	I	J	K	L	M	N	O	P	Q	R	S	T	U
1	ID	名称	カナ表記	ローマ字表記	分野	地方	都道府県	都道府県コード	製品	市区町村	期	年	月	日	発生日	企業数	従事者数	年生産額	調査年
18						沖縄 集計										1034			
22							茨城県 集計									700			
25							群馬県 集計									290			
30							埼玉県 集計									205			
34							神奈川県 集計									119			
37							千葉県 集計									31			
54							東京都 集計									659			
55	85	結城紬	ユウキツムギ	YUKI-TSUMUGI	織物	関東	栃木県	9	着物地|帯		7	1977	3	30	1977/3/30	128	212	520	2006
56	121	益子焼	マシコヤキ	MASHIKO-YAKI	陶磁器	関東	栃木県	9	食器|花器類		12	1979	8	3	1979/8/3	360	800	3000	2006
57							栃木県 集計									488			
58						関東 集計										2492			
59	40	京鹿の子絞	キョウカノコシボリ	KYO-KANOKO-SHIBORI	染色品	近畿	京都府	26			4	1976	2	26	1976/2/26	94	1760	7500	2006
60	41	京漆器	キョウウルシ	KYO-URUSHI	漆器	近畿	京都府	26	茶道具|飲食器家具	京都市	4	1976	2	26	1976/2/26	61	300	1000	2006
61	42	京仏具	キョウブツグ	KYO-BUTSUGU	仏具・仏具	近畿	京都府	26	仏壇|仏具		4	1976	2	26	1976/2/26	209	1060	4650	2006
62	43	京仏壇	キョウブツダン	KYO-BUTSUDAN	仏具・仏具	近畿	京都府	26	仏壇		4	1976	2	26	1976/2/26	209	1060	150	2006
63	44	西陣織	ニシジンオリ	NISHIJIN-ORI	織物	近畿	京都府	26	着物地|帯|金襴緞子|服地等		4	1976	2	26	1976/2/26	606	6000	47746	2006
64	53	京小紋	キョウコモン	KYO-KOMON	染色品	近畿	京都府	26	着物地|コート羽織		5	1976	6	2	1976/6/2	846	5164	28575	2006
65	54	京指物	キョウサシモノ	KYO-SASHIMONO	木工品	近畿	京都府	26	筆物|時計茶道具	京都市	5	1976	6	2	1976/6/2	13	38	320	2006
66	55	京友禅	キョウユウゼン	KYO-YUZEN	染色品	近畿	京都府	26	着物地|コート羽織		5	1976	6	2	1976/6/2	846	5164	28575	2006
67	71	京くみひも	キョウクミヒモ	KYO-KUMIHIMO	その他繊維製	近畿	京都府	26	帯締|羽織紐|数珠|人形|ストラップ等	京都市|宇治市	6	1976	12	15	1976/12/15	52	240	420	2006
68	72	京繍	キョウヌイ	KYO-NUI	その他繊維製	近畿	京都府	26		京都市|宇治市	6	1976	12	15	1976/12/15	40	300	200	2006
69	82	京焼・清水焼	キョウヤキ・キヨミズヤキ		陶磁器	近畿	京都府	26	食器|茶道具|花器|置物|人形等		7	1977	3	30	1977/3/30	283	1037	6540	2006
70	94	京うちわ	キョウウチワ	KYO-UCHIWA	その他工芸品	近畿	京都府	26	うちわ	京都市	8	1977	10	14	1977/10/14	97	682	600	2006
71	95	京扇子	キョウセンス	KYO-SENSU	その他工芸品	近畿	京都府	26	扇子		8	1977	10	14	1977/10/14	97	682	4000	2006
72	119	京鹿紋付染	キョウクロモンツキゾメ	KYO-SHIRO-MONTSUKI-ZOME	染色品	近畿	京都府	26	黒紋付地|黒留袖地等		12	1979	8	3	1979/8/3	171	342	938	2006
73	137	京石工芸品	キョウイシコウゲイヒン	KYO-ISHI-KOGEIHIN	石工品・貴石細工	近畿	京都府	26	石燈籠|石仏|つくばい|層塔等		16	1982	3	5	1982/3/5	73	300	2000	2006
74	164	京人形	キョウニンギョウ	KYO-NINGYO	人形	近畿	京都府	26	衣裳人形|御所人形等		21	1986	3	12	1986/3/12	38	230	430	2006
75	197	京表具	キョウヒョウグ	KYO-HYOGU	その他工芸品	近畿	京都府	26	掛軸|額|屏風等	京都市	31	1997	5	14	1997/5/14	231	616	6501	2006
76							京都府 集計									3966			
77	60	伊賀組紐	イガクミヒモ	IGA-KUMIHIMO	その他繊維製品	近畿	三重県	24	帯締|羽織紐等	伊賀市|名張市	6	1976	12	15	1976/12/15	42	2450	970	2006

図10.27 「地方」別「都道府県」別の企業数の集計結果（一部）

み表示しています)。

4．テーブルに変換し，ダミーのレコードやフィールドを追加しましょう。そして，追加した箇所に対して，テーブルスタイルによる書式が自動で適用されることを確認しましょう。

5．1から4まで解答できたら，自分が興味のあるオープンデータをダウンロードしてみましょう。ダウンロードしたら，並べ替え，抽出，集計を使ってみましょう。

10.3　本章で使用するファイル

本章（および11章）ではLinkData.org[1]で公開されているオープンデータを使用して内容を説明しています。例題や練習問題に取り組むためには，Excelファイル「dentoteki kogeihin_list.xlsx」を準備する必要があります。次に示す手順で準備してください。

（1）CSVファイルのダウンロード

1．WebブラウザからLinkData.orgのページ（http://ja.linkdata.org/）へアクセスします。

2．「リソースを検索」のテキストボックスに「伝統的工芸品」と入力し，［Search］をクリックします。検索結果から「伝統的工芸品/Traditional Crafts of Japan」[2]をクリックします。

3．ページ中ほどにある項目「データセットの情報」の中からリンク［その他の形式のAPIリストを表示］をクリックします（図10.28）。

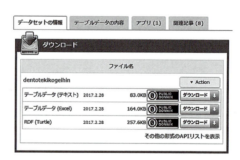

図10.28　ダウンロード形式の選択

1）　LinkData.org: http://ja.linkdata.org/

2）　LinkData.org - 伝統的工芸品/Traditional Crafts of Japan:
　　　http://linkdata.org/work/rdf1s2263i

4．ページ中ほどにあるリンク［CSV for a table］をクリックし，ファイル「dentote
kikogeihin.csv」を保存します（図10.29）。

Simple Data Format用API (http://www.dataprotocols.org/en/latest/simple-data-format.html)

APIの種類	URL
JSON for all tables[*]	http://linkdata.org/api/1/rdf1s2263i/datapackage.json
JSON for a table[*]	http://linkdata.org/api/1/rdf1s2263i/dentotekikogeihin/datapackage.json
CSV for a table	http://linkdata.org/api/1/rdf1s2263i/dentotekikogeihin.csv

図 10.29　CSV 形式を選択

（2）CSV ファイルの取り込み

1．Excel を開き，新規の空白ブックを作成します。

2．リボンの【データ】タブから［テキストファイル］（テキストファイル）ボタンをクリックします。

3．《テキストファイルのインポート》ダイアログボックスが表示されるので，ダウンロードしたファイル「dentotekikogeihin.csv」を選択し，"インポート"ボタンをクリックします。

4．「データのファイル形式を選択してください」から［カンマやタブなどの区切り文字によってフィールドごとに区切られたデータ］を選択し，"次へ"ボタンをクリックします。

5．「区切り文字」の中から［カンマ］にのみチェックを入れ，"完了"ボタンをクリックします。

6．《データの取り込み》ダイアログボックスが表示されるので"プロパティ"ボタンをクリックします。

7．「外部データ範囲のプロパティ」で［クエリの定義を保存する］のチェックを外し，"OK"ボタンをクリックします。

8．《データの取り込み》ダイアログボックスから［既存のワークシート］で「=$A$1」であることを確認し，"OK"ボタンをクリックします。

（3）データの整形

　Excel に取り込んだデータはそのまま使用することもできますが，説明の都合上，本章ではデータを一部加工しています。取り込んだデータを次の手順で加工してください[3]。

1. 1行目に「dentotekikogeihin」と入力されている列（A列）と「都道府県2」と入力されている列（K列）を削除します。

2. 1行目に「ID」と入力されている列（F列）をA列に移動し，空白となった列は削除します。

3. 1行目に「発生日」と入力されている列（Q列）の各セルに含まれる文字列を次の手順で置換します。

   3.1. P列のセルから文字列「http://datetime.hutime.org/date/」をコピーします。

   3.2. リボンの【ホーム】タブから"検索と選択"ボタンをクリックし，［置換］をクリックします。

   3.3. 《検索と置換》ダイアログボックスが現れるので，次のように設定します。

   - 「検索する文字列」のテキストボックスにコピーした文字列「http://datetime.hutime.org/date/」を貼り付けます。
   - 「置換後の文字列」のテキストボックスは空白にしておきます。

   3.4. "すべて置換"ボタンをクリックします。

   3.5. 置換件数のメッセージを確認し，"OK"ボタンをクリックします（Q列の値が日付形式に変わります）。

   3.6. 任意でセルの幅と書式を調整します。

   3.7. ファイル名を「dentotekikogeihin_list.xlsx」として保存します。

以上の手順を終えた後，1行目に列挙される項目名は以下のとおりです。

ID，名称，カナ表記，ローマ字表記，分野，カテゴリー，指定，地方，都道府県，都道府県コード，製品，市区町村，期，年，月，日，発生日，企業数，従事者数，年生産額，調査年，引用，lat，long，複数県指定，指定産地数，中心的生産地

3）　本章の執筆時点で使用した CSV ファイル（2017年3月21日時点）とは内容が異なる場合があります。その場合は一部読み替えてください。

第11章 ピボットテーブルを利用したレコードの集計

10章ではデータベースに対する並べ替え、抽出、集計の操作を学びました。これらの操作を利用して大量のレコードから目的の情報を取り出せるようになりました。本章は、さまざまな角度からデータを分析するためにピボットテーブルの利用方法について学びます。例えば、

- 新商品のアンケート結果から性別・年齢別に好みの傾向を調査したい（図11. 1）
- パンに関する売上データから何月にどのような種類のパンがよく売れるのか
- 家計簿から支出額の多い項目とその月はいつかを知りたい

などさまざまな観点からデータを集計・分析したい場合に、ピボットテーブルは大変便利です。

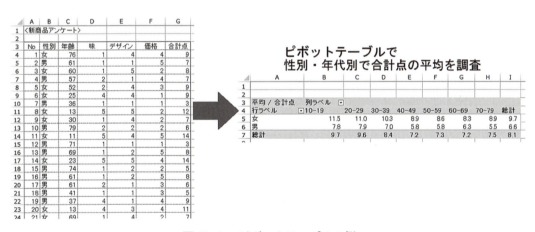

図11. 1　ピボットテーブルの例

●ファイルの準備

本章では10章に引き続いて伝統的工芸品の一覧データ「dentotekikogeihin_list.xlsx」を使用します。詳細については10. 3節を参照し、ファイルを準備してください。

11. 1　ピボットテーブルの準備

　伝統的工芸品の一覧データ「dentotekikogeihin_list.xlsx」を例にピボットテーブルを実際に利用してみましょう。はじめにピボットテーブルを操作することができるように準備をします。

1. ピボットテーブルの元データとなる表内のセルをクリック（もしくは表の範囲 A1:AA236 を選択）します。

2. リボンの【挿入】タブから『テーブル』グループの （ピボットテーブル）ボタンをクリックします。

3. ピボットテーブルの作成先を指定し，"OK" ボタンをクリックします（図11. 2）。
   - 「テーブル範囲」に表の範囲が入力されていることを確認
   - 今回は［新規ワークシート］にピボットテーブルを作成

図11. 2　「ピボットテーブルの作成」の設定

　ピボットテーブルの初期画面は図11. 3になります。ピボットテーブルの画面の各要素は次のようになります。

① ピボットテーブル

　ボックスに配置されたフィールド名に基づいてピボットテーブルが表示されます。

② フィールド名一覧

　フィールド名の一覧が表示されます。集計したいフィールドをドラッグし，ボック

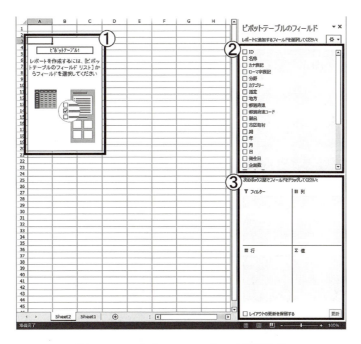

図 11. 3　ピボットテーブルの画面構成

スにドロップします。

③　ボックス

●行ボックスと列ボックス

　行と列に集計したいフィールド名をそれぞれ指定します。

●値ボックス

　集計したい値のフィールド名を指定します。

●フィルターボックス

　フィルターに指定されたフィールドの項目を使って，ピボットテーブルの集計内容を絞り込むことができます。

11. 2　ピボットテーブルの操作

　フィールド名一覧から集計したい項目を選択し，ボックスにドラッグ＆ドロップすることでピボットテーブルに集計されます。次の例を使ってピボットテーブルに集計しましょう。

【例題1】「分野」別,「発生日」別に伝統的工芸品の数をカウントしましょう。

　行に「分野」を,列に「発生日」を集計し,集計する値はレコードの数になります（行と列は逆でも問題ありません）。図11.4のようにフィールド名一覧からボックスにフィールドを設定します。ここでは「名称」フィールドを使ってレコード数をカウントします。

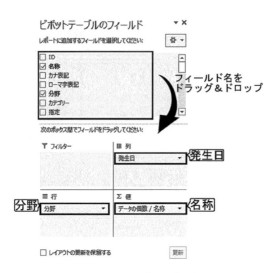

図11.4　フィールド名をボックスへ配置

　ピボットテーブルは図11.5のようになります。

	A	B	C	D	E	F	G	H
1								
2								
3	データの個数 / 名称	列ラベル						
4	行ラベル	1975/2/17	1975/5/10	1975/9/4	1976/2/26	1976/6/2	1976/12/15	1977/3
5	その他工芸品							
6	その他繊維製品						3	
7	金工品	3						
8	工芸用具・材料							
9	漆器	2	5	1	3		1	
10	織物	7	1	3	2	4	1	
11	人形				1			
12	石工品・貴石細工					4		
13	染色品		1	1	1	3		
14	竹工品		1				1	
15	陶磁器		2	1		2	1	
16	仏壇・仏具		2	1	2	1	2	
17	文具		1			1	2	
18	木工品		2	1	2	1	1	
19	和紙		1			2	2	
20	総計	12	16	8	11	18	14	
21								

図11.5　ピボットテーブルへ集計した結果

1 フィールドのグループ化

　図11. 5を見ると「発生日」別に集計することはできましたが，1日単位で集計されています。場合によっては月単位や年単位で集計したいことも考えられます。「発生日」を年単位にグループ化しましょう。

【例題2】例題1の「発生日」を年単位にグループ化して集計しましょう。
1. グループ化したいフィールドのセルを選択します。今回の例では発生日の値が入力されたセル（B4:BB4）のいずれかを選択します。
2. リボンの【分析】タブから ┌7 フィールドのグループ化 ┐（フィールドのグループ化）ボタンをクリックします。
3. 《グループ化》ダイアログボックスから単位を設定します（図11. 6）。年単位に集計したいので，［年］を選択します。また，デフォルトで選択されている［月］はクリックして選択を解除し，"OK" ボタンをクリックします。

図 11. 6　グループの単位を設定

　グループ化をすると図11. 7のようになります。
　ピボットテーブルの列名（B4:AL4）を確認すると，年を単位としてグループ化されていることがわかります。

データの個数 / 名称	列ラベル ▼							
行ラベル ▼	1975年	1976年	1977年	1978年	1979年	1980年	1981年	198
その他工芸品			2					
その他繊維製品		3						
金工品	3					2	1	
工芸用具・材料			1	1				
漆器	8	4		2	1	1		
織物	11	7	5	1		1		
人形		1		2			1	
石工品・貴石細工		4			1			
染色品	2	4			1	1		
竹工品	1	1			2			
陶磁器	3	3	3	5	2	1		
仏壇・仏具	3	5	1	2		4		
文具	1	3	1			1		
木工品	3	4	5		1	2	1	
和紙	1	4	1					
総計	36	43	19	13	10	11	3	

図 11. 7 「発生日」を年単位にグループ化して集計

2 グループの解除

グループを解除する場合は，次の手順で行います。

1．グループ化されたセルを選択します。
2．リボンの【分析】タブから 　グループ解除 （グループ解除）ボタンをクリックします。

3 集計項目の編集

集計したい項目を変更したり，値の集計方法を変更したりしてみましょう。

【例題3】「地方」「都道府県」別，「分野」別に伝統的工芸品の数をカウントしましょう。

　　　　　1．列ボックスにある「発生日」をクリックし，［フィールドの削除］をクリックします。

　　　　　2．列ボックスに「地方」フィールドと「都道府県」フィールドを設定します。

図11.8のように「地方」と「都道府県」を配置しましょう。階層の大きいグループが上になるように並べます。

図11.8　列ボックスの項目を変更

　ピボットテーブルは図11.9のようになります。「地方」の中で「都道府県」別に集計されていることがわかります。階層を考慮せずにフィールド名を並べると意図しない集計結果となる場合があるので注意しましょう。「地方」のフィールドにある［-］をクリックすると「都道府県」を畳み込んで表示することができます。

	A	B	C	D	E	F	G	H	I	J	K	L
1												
2												
3	データの個数 / 名称	列ラベル										
4		⊟沖縄	沖縄 集計	⊟関東							関東 集計	⊟近
5	行ラベル	沖縄県		茨城県	群馬県	埼玉県	神奈川県	千葉県	東京都	栃木県		京都
6	その他工芸品								2	5	7	
7	その他繊維製品											
8	金工品								2		2	
9	工芸用具・材料											
10	漆器	1	1				2				2	
11	織物	12	12	1	2	1			3	1	8	
12	人形					2			2		4	
13	石工品・貴石細工			1							1	
14	染色品	1	1						2		2	
15	竹工品								1		1	
16	陶磁器	1	1	1						1	2	
17	仏壇・仏具											
18	文具											
19	木工品					1	1		1		3	
20	和紙											
21	総計	15	15	3	2	4	3	2	16	2	32	
22												

図11.9　「地方」と「都道府県」を列ボックスに指定し集計した結果

　値ボックスの項目を変更し，集計方法も変更してみましょう。

【例題4】「地方」「都道府県」別，「分野」別に「従事者数」の平均を求めましょう。

    1．値ボックスにある「企業数」をクリックし，［フィールドの削除］をクリックします。

    2．値ボックスに「従事者数」フィールドを設定します。

    3．値ボックスの「従事者数」をクリックし，［値フィールドの設定］をクリックします。

    4．《値フィールドの設定》ダイアログボックスの【集計方法】タブから［平均］を選択し，"OK" ボタンをクリックします（図11.10）。

図 11. 10　値フィールドの設定

ピボットテーブルは図 11. 11 のようになります。今回は集計方法から［平均］を選択しましたが，その他に合計，最大値，最小値，データの個数などの集計方法が用意されています。

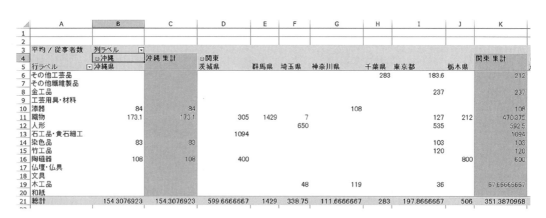

行ラベル	沖縄県	沖縄 集計	茨城県	群馬県	埼玉県	神奈川県	千葉県	東京都	栃木県	関東 集計
その他工芸品							283	183.6		212
その他繊維製品										
金工品								237		237
工芸用具・材料										
漆器	84	84				108				108
織物	173.1	173.1	305	1429	7			127	212	470.375
人形					650			535		592.5
石工品・貴石細工			1094							1094
染色品	83	83						103		103
竹工品								120		120
陶磁器	108	108	400						800	600
仏壇・仏具										
文具										
木工品					48	119		36		57.6666667
和紙										
総計	154.3076923	154.3076923	599.6666667	1429	338.75	111.6666667	283	197.8666667	506	351.3870968

図 11. 11　従事者数の平均を集計した結果

4 フィルターの利用

　フィルターを使用すると特定のフィールドの値のみを集計対象にすることができます。

【例題5】例題4の集計結果から1988年に指定された伝統的工芸品のみに絞り込みましょう。

　　1．フィルターボックスに「年」フィールドを設定します。

　　2．ピボットテーブルに「年」フィルターが追加されるので，フィルター（セルB1）をクリックし，［1988］を選択した後，"OK"ボタンをクリックします（図11.12）。

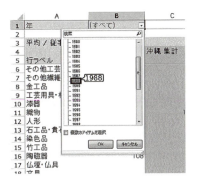

図11.12　年フィルターから1988を選択

　フィルターした結果は図11.13のようになります。今回はフィルターボックスに「年」を設定しましたが，代わりに「発生日」を使用することも可能です。

※「発生日」は例題2で年単位にグループ化したので，フィルターボックスに「発生日」

	A	B	C	D	E	F	G	H	I	J	K
1	年	1988									
2											
3	平均 / 従事者数	列ラベル									
4		⊟沖縄	沖縄 集計	⊟近畿	近畿 集計	⊟九州	九州 集計	⊟中部		中部 集計	総計
5	行ラベル	沖縄県		三重県		佐賀県		石川県	富山県		
6	工芸用具・材料			60	60						60
7	織物	40	40					79		79	59.5
8	陶磁器					354	354				354
9	和紙								52	52	52
10	総計	40	40	60	60	354	354	79	52	65.5	117
11											
12											

図11.13　1988年でフィルターした結果

を指定すると，年単位でフィルターすることになります。グループ化する前の内容でフィルターしたい場合は，グループを解除する必要があります。

5 スライサーの利用

フィルターボックスで複数の値を選択した場合，「（複数のアイテム）」と表示されるので，何でフィルターしたのかを確認するには，毎回フィルターをクリックし内容を確認する必要があります（図11.14）。

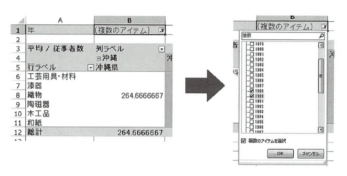

図11.14　フィルターの内容を確認

スライサーを用いると，現在どのような値でフィルターをしているのかが一目でわかるようになります。

1．リボンの【分析】タブから『フィルター』グループの （スライサー）ボタンをクリックします。

2．《スライサーの挿入》ダイアログボックスからフィルターに使用する項目を選択します。

3．スライサー（図11.15）が表示されるので，フィルターしたい値を選択します。フィルターしたい値を複数選択する場合は，Ctrl キーを押しながら選択をします。

図11.15　スライサー（「年」）

6 ピボットグラフ

　表からグラフを作成したように，ピボットテーブルからグラフを作成することができます。グラフの作成にはピボットグラフと呼ばれる機能を使用します。

【例題6】例題5からピボットグラフ（積み上げ縦棒グラフ）を作成しましょう。
　　　　1．ピボットテーブルが表示されているセルを選択します。

　　　　2．リボンの【分析】タブから『ツール』グループの　（ピボットグラフ）ボタンをクリックします。

　　　　3．グラフの種類を選択（「縦棒」グループから「積み上げ縦棒」を選択）します。
　図11.16のグラフが作成されます。ピボットグラフ上にはボックスに設定したフィールド名のボタンがあり，ピボットテーブルと同じように操作することができます。また，ピボットテーブルとピボットグラフは連動しているので，一方の集計項目を変更すると，ピボットテーブルとピボットグラフの両方に結果が反映されます。

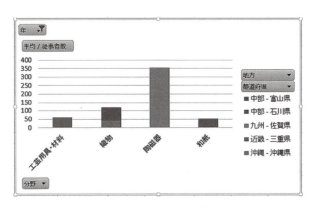

図11.16　ピボットグラフ

　ピボットテーブルとピボットグラフでは，図11.17に示すようにボックス名が一部異なります。ピボットテーブルの「行ボックス」は，ピボットグラフでは「軸（項目）ボックス」に，「列ボックス」は「凡例（系列）ボックス」となります。

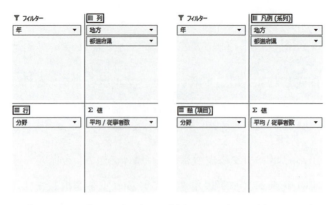

図 11. 17　ピボットテーブルのボックス（左）とピボットグラフのボックス（右）

7　元データの変更とピボットテーブルへの反映

　元データの値を変更した場合，ピボットテーブルを再度作成し直す必要はありません。

リボンの【分析】タブの『データ』グループから （更新）ボタンをクリックすると，

元データの最新の内容がピボットテーブルに反映されます。

11. 3　練習問題

　伝統的工芸品の一覧データ「dentotekikogeihin_list.xlsx」について，以下の問題に解答しましょう。

1．図 11. 18 のようなピボットテーブルおよびピボットグラフを作成しましょう。

2．例題 6 のピボットテーブルとピボットグラフを作成した後，Sheet1 にある元データを一部変更してみましょう。その後，ピボットテーブルを更新して，変更内容がピボットテーブルに反映されることを確認しましょう。

3．1 と 2 を解答できたら，自分が興味のあるオープンデータをダウンロードし，ピボットテーブルを使って分析をしてみましょう。

	A	B	C	D	E
1	地方	中部			
2					
3	合計 / 企業数	列ラベル			
4	行ラベル	陶磁器			
5	岐阜県	539			
6	石川県	320			
7	愛知県	250			
8	福井県	93			
9	総計	1202			
10					

図 11.18　中部地方の企業数について（陶磁器）

第**12**章　Excel の便利な機能

本章では，Excel を利用する上で知っておくと便利な機能について紹介します。

12. 1　検索と置換

ブック内に含まれる特定の文字列や数値を検索したい場合や別の文字列に置換したい場合は，検索と置換の機能を使用します。

●検索と置換の開始

検索と置換を開始するには，はじめに《検索と置換》ダイアログボックスを表示しておきます。

1．セルを選択します。検索はアクティブセルから開始されます。

2．リボンの【ホーム】タブから『編集』グループの （検索と選択）ボタンをクリックし，［検索］もしくは［置換］をクリックします。

《検索と置換》ダイアログボックス上部にあるタブから検索と置換を切り替えることができます。

1 検　索

検索は次の手順で行います。

1．「検索する文字列」ボックスに検索したい文字列や数値を入力します。
2．"次を検索"ボタンもしくは"すべてを検索"ボタンをクリックします。

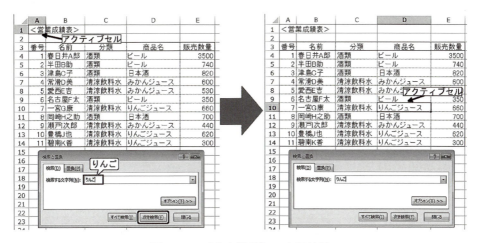

図 12. 1　［次を検索］の実行結果

- "次を検索"ボタンでは「検索する文字列」を含むセルが選択されます（図 12. 1）。もう一度"次を検索"ボタンをクリックすると，次に一致したセルが選択されます。
- "すべて検索"ボタンは「検索する文字列」を含むセルの検索結果を一覧表示します。検索結果をクリックすると該当するセルが選択されます。

※漢字にふりがなが設定されている場合，ふりがなも検索対象になります。

② 置　換

置換は次の手順で行います。

1．「検索する文字列」ボックスに検索したい文字列や数値を入力します。
2．「置換後の文字列」ボックスに置換後の文字列や数値を入力します。
3．"次を検索"ボタンをクリックします。
4．"置換"ボタンもしくは"すべて置換"ボタンをクリックします。
   - "置換"ボタンはアクティブセルを置換した後，次の検索結果に移動します（図 12. 2）。
   - "すべて置換"ボタンは検索条件に一致するセルをすべて置換します。また，置換が完了した後に，置換した件数が表示されます。

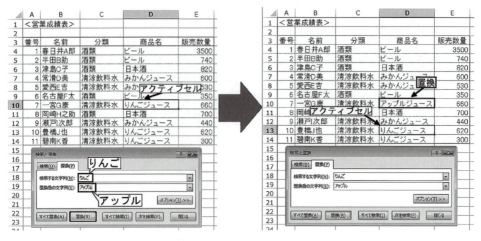

図 12. 2　置換の実行結果

3　検索オプション

"オプション"ボタンをクリックすると，検索方法を設定することができます。

- **検索場所**　現在表示しているシートから検索する場合は［シート］，ブック全体から検索する場合は［ブック］を選択します。
- **検索方向**　検索する方向を［行］もしくは［列］から選択します。
- **検索対象**　セルに入力された数式を検索対象とする場合は［数式］，数式の計算結果を検索対象とする場合は［値］を選択します。［コメント］はセルに挿入されたコメント（リボンの【校閲】タブの『コメント』グループで［コメントの挿入］をしたコメント）を検索対象にします。
- **書　　式**　書式を含めて検索または置換する場合に使用します。"書式"ボタンをクリックし，フォントや罫線など検索対象の書式または置換後の書式を設定します。

4　ワイルドカード

　検索する文字列にはワイルドカード（?, *, ~）を含めることもできます。ワイルドカードによる検索を行うには，検索オプションの［セル内容が完全に同一であるものを検索する］にチェックを入れます。チェックがない場合は，検索文字列を含むセルを検索します。

？は任意の1文字，＊は0個以上の任意の文字を表します，~は「?」,「*」,「~」を通常の文字として検索したい場合に文字の前に付けます。例えば，「?」を検索する場合は「~?」と入力します。また，ワイルドカードは半角で入力します。表12.1に一例を紹介します。

表 12. 1　ワイルドカードを用いた検索例

検索したいセル内容	入力する文字列
「酒」で始まるセル	酒*
「酒」で終わるセル	*酒
2文字目が「ん」であるセル	?ん*
2文字目が長音「ー」で3文字のセル	?ー?

12. 2　図の挿入

Excel においても Word と同じように図（図形，画像，オンライン画像，SmartArt グラフィック）を扱うことができます。

1　図形の挿入

図形は次のようにして挿入することができます。

1．リボンの【挿入】タブの『図』グループにある （図形）ボタンをクリックします。
2．挿入したい図形を選択し，挿入したい位置でクリックします。

2　画像の挿入

画像編集ソフトで作成した画像やデジタルカメラで撮影した画像など外部の画像ファイルを取り込む場合は次のように行います。

1．リボンの【挿入】タブから『図』グループにある （画像）ボタンをクリックします。
2．挿入したい画像ファイルを選択し，"挿入"ボタンをクリックします。

③ オンライン画像の挿入

1．リボンの【挿入】タブの『図』グループにある （オンライン画像）ボタンを
　　クリックします。
2．テキストボックスに検索したい語句を入力し， Enter キーを押します。
3．検索結果から挿入したい画像にチェックを入れ，"挿入"ボタンをクリックします。

　初期設定ではクリエイティブコモンズライセンスの画像が検索されます。すべての結果
を表示するには［クリエイティブコモンズのみ］から［すべて］に変更します。正確なラ
イセンスを確認するには，各画像下部にある配布元をクリックします。ブラウザに画像元
のサイトが表示されるので，規約の内容をしっかり把握しましょう。

④ SmartArt グラフィックの挿入

1．リボンの【挿入】タブの『図』グループにある （SmartArt）ボタンをク
　　リックします。
2．挿入したい SmartArt グラフィックを選択し，"OK"ボタンをクリックします。
3．SmartArt グラフィックを編集します。

⑤ 図のサイズ変更と回転

1．挿入した図をクリックします。
2．ハンドルをドラッグします。
　　• サイズ変更する場合は，図の周り8カ所にあるハンドル□のいずれかをドラッグ
　　　します。
　　• 回転する場合は，図の上部にあるハンドル↻をドラッグします。

6 図の位置の変更

1．図上にマウスカーソルを合わせます。
2．マウスポインタが ✛（移動ポインタ）になった状態で，目的の位置までドラッグ＆ドロップします。

7 図の書式設定

1．挿入した図をクリックします。
2．図の種類に合わせてリボンにタブが表示されるので，そのタブをクリックします。
　・図形と画像の場合は【書式】タブをクリックします。
　・SmartArt グラフィックの場合は【デザイン】タブもしくは【書式】タブをクリックします。
3．各種タブのメニューから書式設定を行います。

12.3 Word との連携

　Excel で作成した表やグラフを Word に取り込むことができます。図 12.3 を用いて，Word に表を取り込む方法を紹介します。

図 12.3　貼り付けたい表（左）と貼り付け先の文書（右）

1　Excel の表を Word に貼り付け

はじめに基本的な表の取り込み方法を示します。

1．Excel の貼り付けたい表（A3:E14）を選択し，コピーします。
2．Word に切り替え，カーソルを表の挿入位置に移動します。

3．リボンの【ホーム】タブの『クリップボード』グループにある （貼り付け）

ボタンの▼をクリックし，（元の書式を保持）ボタンもしくは （貼り付け先のスタイルを使用）ボタンをクリックします。

今回は （元の書式を保持）ボタンを選択しています。

　貼り付けた結果は図 12.4 のようになります。貼り付けた表は Word の中で自由に編集することができます。また，元の Excel データに変更を加えても，貼り付けた表には影響がありません。

番号	名前	分類	商品名	販売数量
1	春日井 A 郎	酒類	ビール	350
2	半田 B 助	酒類	ビール	740
3	津島 C 子	酒類	日本酒	820
4	常滑 D 美	清涼飲料水	みかんジュース	600
5	愛西 E 吉	清涼飲料水	みかんジュース	530
6	名古屋 F 太	酒類	ビール	350
7	一宮 G 康	清涼飲料水	りんごジュース	660
8	岡崎 H 之 助	酒類	日本酒	700
9	瀬戸 I 次 郎	清涼飲料水	みかんジュース	440
10	豊橋 J 也	清涼飲料水	りんごジュース	620
11	碧南 K 香	清涼飲料水	りんごジュース	300

図 12.4　表の貼り付け

（※図中上部：1.・営業成績の報告。　本年度の営業成績を以下の表に示します。）

② 表のリンク貼り付け

元の Excel データの変更を反映させたい場合は，リンク貼り付けを使います。

1．Excel から貼り付けたいセルを選択し，コピーします。
2．Word に切り替え，表を挿入したい位置にカーソルを移動します。

3．リボンの【ホーム】タブの『クリップボード』グループにある （貼り付け）

ボタンの▼をクリックし，（リンク（元の書式を保持））ボタンもしくは
（リンク（貼り付け先のスタイルを使用））ボタンをクリックします。

③ 更新の反映

元の Excel データが編集された場合は，次の手順で Word の表に編集内容を反映します。

1．Word に貼り付けた表を右クリックします。
2．［リンク先の更新］をクリックします。

④ 表を Excel オブジェクトとして貼り付け

Word 上で直接 Excel の表として編集したい場合は，貼り付けの形式を Excel オブジェクトに設定します。

1．Excel から貼り付けたいセルを選択し，コピーします。
2．Word に切り替え，表を挿入したい位置にカーソルを移動します。

3．リボンの【ホーム】タブの『クリップボード』グループにある （貼り付け）

ボタンの▼をクリックし，［形式を選択して貼り付け］をクリックします。

4．貼り付ける形式を選択し，"OK" ボタンをクリックします。

- 貼り付け元のデータとリンクしない場合は［貼り付け］，リンクする場合は［リンク貼り付け］を選択します。

- 「貼り付ける形式」から［Microsoft Excel ワークシートオブジェクト］を選択します。

5 Excel オブジェクトである表の編集

表が Excel オブジェクトの場合は，Excel で編集を行います。

- リンクなしの貼り付けをした場合

  1．貼り付けた表をダブルクリックします。

  2．Word のリボンと表が Excel の形式に変わるので，表の編集を行います。

  3．Word の編集に戻るには，[Esc] キーを押します。

- リンク貼り付けをした場合

  1．貼り付けた表をダブルクリックします。

  2．Excel が起動するので，元データの編集を行います。

  3．Word の編集に戻るには，[Esc] キーを押します。

6 グラフの貼り付けについて

　Excel で作成したグラフも表と同じ手順で貼り付けることができます。ここでは貼り付けのオプションについて簡単に紹介しておきます。

- Word のグラフとして貼り付ける（元データとリンクしない）場合は，次のいずれかを選択します。

  ➤ （貼り付け先のテーマを使用しブックを埋め込む）ボタンを選択します。

  ➤ （元の書式を保持しブックを埋め込む）ボタンを選択します。

- 元データとリンクしてグラフを貼り付ける場合は，次のいずれかを選択します。

  ➢ （貼り付け先のテーマを使用しデータをリンク）ボタンを選択します。

  ➢ （元の書式を保持しデータをリンク）ボタンを選択します。

- グラフを図として貼り付ける場合は， （図）ボタンを選択します。図として位置やサイズの変更はできますが，グラフの数値を変更することはできません。

- Excel オブジェクトとしてグラフを貼り付ける場合は，次のようにします。
  1．［形式を選択して貼り付け］をクリックします。
  2．「貼り付ける形式」から［Microsoft Excel グラフ オブジェクト］を選択します。

12. 4　印刷設定と印刷

　ページサイズの変更やヘッダーとフッターの追加など印刷設定を行うにはページレイアウトモードを利用します。リボンの【表示】タブから『ブックの表示』グループの（ページレイアウト）ボタンをクリックすると，図 12. 5 のように表示されます（本節の例は 10 章で準備する伝統的工芸品の一覧データ「dentotekikogeihin_list.xlsx」を使用しています）。

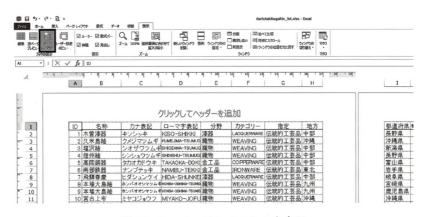

図 12. 5　ページレイアウトを表示

1 ヘッダーとフッターの追加

ワークシート上部の［クリックしてヘッダーを追加］とワークシート下部の［クリックしてフッターを追加］をそれぞれクリックすると，ヘッダーとフッターを編集することができます。そして，リボンの【デザイン】タブの『ヘッダー/フッター要素』グループにあるボタン（図12.6）から日付やページ番号などを追加することができます。

図12.6　ヘッダー/フッター要素

例えば，"現在の日付"ボタンをクリックすると「&［日付］」と入力されます。ヘッダーやフッター以外の箇所をクリックし，編集モードを解除すると日付の表示に変わります。加えてフッターにページ番号を挿入しておきましょう。

2 タイトル行とタイトル列の設定

表が縦や横に長く複数ページに渡る場合，2ページ目以降はタイトルや項目名が表示されません（図12.7）。このような場合はタイトル行やタイトル列を設定することで，すべてのページにタイトルや項目名を表示することができます。

	A	B	C	D	E	F	G	H

1ページ目

2017/3/25

1	ID	名称	カナ表記	ローマ字表記	分野	カテゴリー	指定	地方
2	1	木曽漆器	キソシッキ	KISO-SHIKKI	漆器	LACQUERWARE	伝統的工芸品	中部
3	2	久米島紬	クメジマツムギ	KUMEJIMA-TSUMUGI	織物	WEAVING	伝統的工芸品	沖縄
4	3	塩沢紬	シオザワツムギ	SHIOZAWA-TSUMUGI	織物	WEAVING	伝統的工芸品	中部
5	4	信州紬	シンシュウツムギ	SHINSHU-TSUMUGI	織物	WEAVING	伝統的工芸品	中部
6	5	高岡銅器	タカオカドウキ	TAKAOKA-DOKI	金工品	COPPERWARE	伝統的工芸品	中部

2ページ目

2017/3/25

60	57	甲州水晶貴石細工	コウシュウスイショウキセキザイク	KOSHU-SUISHO-KISEKI-ZAIKU	石工品・貴石細工	STONEWORK	伝統的工芸品	中部
61	58	壺屋焼	ツボヤヤキ	TSUBOYA-YAKI	陶磁器	CERAMICS	伝統的工芸品	沖縄
62	59	東京染小紋	トウキョウソメコモン	TOKYO-SOME-KOMON	染色品	DYEING	伝統的工芸品	関東
63	60	常滑焼	トコナメヤキ	TOKONAME-YAKI	陶磁器	CERAMICS	伝統的工芸品	中部
64	61	博多織	ハカタオリ	HAKATA-ORI	織物	WEAVING	伝統的工芸品	九州

図12.7　複数ページに渡る表

2ページ目以降もタイトルと項目名が表示されるように設定を行いましょう。

1．図12.8のように表のタイトルを入力します。

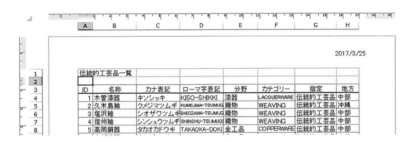

図12.8　タイトルを入力

2．リボンの【ページレイアウト】タブの『ページ設定』グループにある （印刷タイトル）ボタンをクリックします。

3．《ページ設定》ダイアログボックスの「タイトル行」のテキストボックスをクリックします。

4．タイトル行に設定したい行番号（今回は1行目から3行目まで）を選択します。
行番号を選択すると，図12.9のようにテキストボックスにセル範囲（今回は$1:$3）が入力されます。

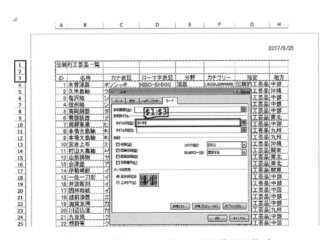

図12.9　「タイトル行」に行番号を指定

5．"OK" ボタンをクリックします。

図12.10のように2ページ目以降にもタイトル行が表示されます。表が横に長い場合

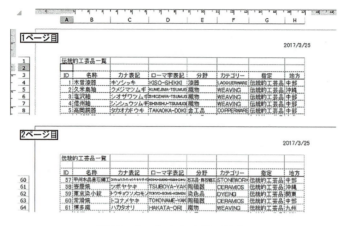

図 12.10　タイトル行の設定

は，タイトル列の設定をしましょう。

3 印刷範囲の設定と印刷プレビュー

特に何も設定していない場合は，ワークシートに入力されたセルの範囲すべてが印刷の対象となります。印刷する範囲を設定したい場合は次のようにします。

1．印刷範囲のセルを選択（ここではセル A1:H238 を選択）します。
2．リボンの【ページレイアウト】タブの『ページ設定』グループにある （印刷範囲）ボタンをクリックし，[印刷範囲の設定] をクリックします。
3．リボンの【ファイル】タブをクリックして，画面左側の [印刷] をクリックします。
4．画面右側に表示されている印刷プレビュー（図 12.11）で印刷範囲を確認します。

4 印刷の各種設定と印刷実行

印刷プレビュー（図 12.11）では，設定の欄から印刷の各種設定を行います。印刷を実行するには [印刷] をクリックします。

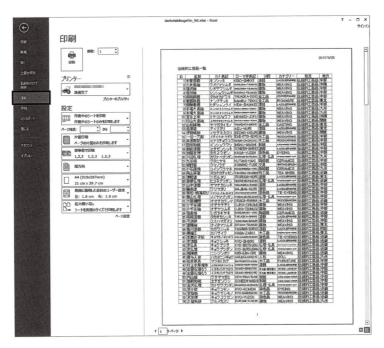

図 12.11　印刷プレビュー

12. 5　PDF ファイルへの出力

PDF ファイルとして表を出力するには次のようにします。

1．リボンの【ファイル】タブから［エクスポート］をクリックし，［PDF/XPS ドキュメントの作成］から［PDF/XPS の作成］をクリックします。
2．ファイル名と保存場所を設定し，"発行" ボタンをクリックします。
　　［発行後にファイルを開く］にチェックを入れていると，ファイルが作成された後に PDF ファイルの内容が表示されます。

※出力される PDF ファイルは印刷の設定（印刷範囲や余白）が反映されるので，PDF ファイル作成前に印刷プレビューを確認しておきましょう。

12. 6　マクロ機能

これまでの章で Excel を使った表計算について紹介をしてきました。本節では，繰り返し行う作業を自動化するためにマクロの利用方法を学習します。マクロとは，コンピュー

タの操作を自動化する技術のことを指します。例えば，手元に4月の売上一覧データがあるとき，次の作業を行うことを考えます。

- 月の売上金額の計算
- 担当者別の売上数量を集計
- 担当者別の売上数量からグラフ作成

Excelで関数，グラフ機能，データベース機能などを学んでいるので，1つ1つの操作を行うことは難しくありません。しかし，5月以降も毎月同じ操作を行うのであれば話は別です。データの中身が変化しているだけで，計算内容が変わらないのであれば，同じ操作は避けたいものです（月1回程度なら問題ない人もいるかもしれませんが）。そのような場合は，マクロを使って効率的に作業を進めることができます。

 Excelでマクロを組む方法

Excelでマクロを組むには2つの方法が存在します。

- 「マクロの記録」を使う

  1つ目は，自分が行う操作を記録する方法です。自動化したい操作を一度行い，Excelに記録させます。あとは記録したマクロを利用したいときに実行します。
- プログラミング言語（VBA）を使ってマクロを組む

  2つ目は，VBA（Visual Basic for Applications）というプログラミング言語を使う方法です。マクロの記録のように操作を記録するのではなく，VBAを使ってプログラム（マクロ）を作成し，マクロを利用したいときに実行します。

本書では「マクロの記録」を使って，簡単なマクロを組む方法について紹介していきます。VBAは高度な内容になるので本書では取り扱いません。

2 **ファイルの準備**

本節では図12.12に示す名古屋と東京における2016年の気温データ「meteorological_data.xlsx」を使用します。ファイルの詳細については12.8節を参照し，準備してください。シート「名古屋」で記録したマクロをシート「東京」で実行する例を採り上げます。

	A	B	C	D
1	ダウンロードした時刻：2017/03/27 13:23:38			
2				
3		名古屋	名古屋	名古屋
4	年月	平均気温(℃)	最高気温(℃)	最低気温(℃)
5	Jan-16	5.8	15.7	-4.8
6	Feb-16	6.5	23.5	-2.1
7	Mar-16	10.5	22.7	-0.6
8	Apr-16	15.9	27.2	4.5
9	May-16	20.6	32.8	11.7
10	Jun-16	22.9	32.9	13.8
11	Jul-16	27	35.3	20.1
12	Aug-16	28.6	37.8	20.5
13	Sep-16	25.2	34.1	17.9
14	Oct-16	19.7	29.3	9.7
15	Nov-16	12.6	21.8	4.3
16	Dec-16	8.1	18	0.3

	A	B	C	D
1	ダウンロードした時刻：2017/03/27 14:11:04			
2				
3		東京	東京	東京
4	年月	平均気温(℃)	最高気温(℃)	最低気温(℃)
5	Jan-16	6.1	16.2	-2.6
6	Feb-16	7.2	23	0.1
7	Mar-16	10.1	21.4	1.1
8	Apr-16	15.4	26.8	5.1
9	May-16	20.2	30.9	11.9
10	Jun-16	22.4	33	14.2
11	Jul-16	25.4	36.7	19
12	Aug-16	27.1	37.7	21.3
13	Sep-16	24.4	33	17.6
14	Oct-16	18.7	32	9.6
15	Nov-16	11.4	20.8	0.3
16	Dec-16	8.9	20.2	0

図 12.12　シート「名古屋」（左）とシート「東京」（右）

3　【開発】タブの表示

　Excel の初期設定ではマクロに関するメニューが非表示の状態です。はじめにマクロが利用できるよう【開発】タブを表示します。

1. リボンの【ファイル】タブから［オプション］をクリックします。
2. 《Excel のオプション》ダイアログボックスの左側から［リボンのユーザー設定］をクリックします。
3. 右側のチェックボックス一覧から［開発］にチェック（図 12.13）を入れ，"OK" ボタンをクリックします。

図 12.13　リボンのユーザー設定

4 記録する作業内容の確認

　ここでは簡単な作業をマクロとして記録します。「meteorological_data.xlsx」のシート「名古屋」を表示し，次の作業をマクロに記録してみましょう。

記録するマクロ：2016年における各月の平均気温，最高気温，最低気温から
2016年の各項目の平均を求めるマクロ

　「マクロの記録」は，Excel で行う操作を正確に記録します。すなわち，間違った操作も正確に記録されます。不要な操作や誤った操作をしないために，はじめに作業内容を確認しておきましょう。マクロに登録する作業内容を確認すると図12.14に示す操作を行う必要があります。

1. セル A17 をクリック
2. セル A17 に「平均」と入力し，Enter キーを押下
3. セル A18 に「最高」と入力し，Enter キーを押下
4. セル A19 に「最低」と入力し，Enter キーを押下
5. セル B17 に数式「=AVERAGE(B5:B16)」を入力
6. セル B18 に数式「=MAX(B5:B16)」を入力
7. セル B19 に数式「=MIN(B5:B16)」を入力
8. セル B17:B19 を選択し，D 列までオートフィル
9. セル A1 を選択

図 12.14　記録する作業内容

　また，作業内容から図12.15のように平均気温，最高気温，最低気温を計算できることを確認します。

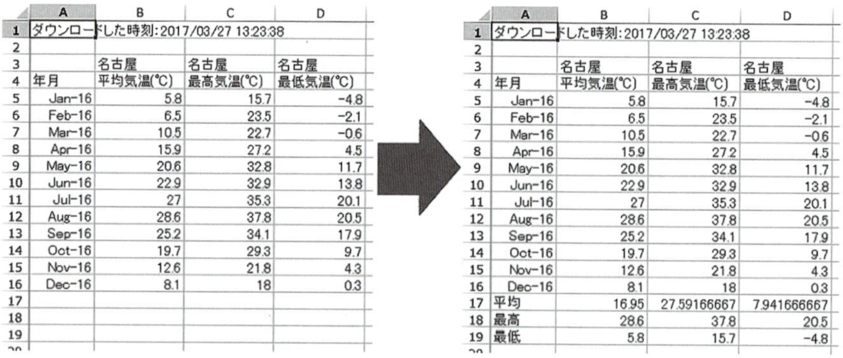

図 12.15　作業内容を操作して確認

5 マクロの記録

操作内容を確認した上で問題がなければ，実際にマクロとして記録します。

1．記録の開始

① リボンの【開発】タブから『コード』グループにある マクロの記録 （マクロの記録）ボタンをクリックします。

② 《マクロの記録》ダイアログボックスが表示されるので，保存するマクロ名（今回は「avg_max_min」）を入力し "OK" ボタンをクリックします（図12.16）。

図 12.16　保存するマクロ名の指定

2．操作の実施

- 図 12.14 の内容を実施します。

3．記録の終了

- リボンの【開発】タブから『コード』グループにある 記録終了 （記録終了）ボタンをクリックします。

以上でマクロ「avg_max_min」が記録されました。

6 マクロの実行

一旦，A17:D19 のセルを削除し，記録されたマクロが意図通りに動作するか確認してみましょう。

1. リボンの【開発】タブの『コード』グループにある （マクロ）ボタンをクリックします。

2. マクロ名のリストから保存したマクロ「avg_max_min」を選択し，"実行"ボタンをクリックします（図12.17）。

図12.17 マクロの実行

7 マクロの内容を確認

マクロがどのように記録されたのかを一度確認してみましょう。

1. リボンの【開発】タブから『コード』グループにある （マクロ）ボタンをクリックします。

2. マクロ名のリストからマクロ「avg_max_min」を選択し，"編集"ボタンをクリックするとVBEが起動します。

VBE（Visual Basic Editor）はテキストエディタ（エディタ）と呼ばれるソフトの一種です。「Sub avg_max_min()」から「End Sub」で囲まれた部分が先程記録したマクロの内容です。詳しくは触れませんが，ここに記述された文字の並びはソースコードと呼ばれ，コンピュータが行う命令が記述されています（ExcelのマクロではＶBAというプログラミング言語で命令が記述されます）。すなわち［マクロの記録］によって記録された作業内容は，実際にはソースコードとして記録されています。

作業内容と対応づけると，大まかには図12.18のようになります。左側にある番号は図12.14の作業内容の番号に対応します。

```
Sub avg_max_min()
'
' avg_max_min Macro
'

'
1 ┌ Range("A17").Select
2 ┌ ActiveCell.FormulaR1C1 = "平均"
  └ ActiveCell.Characters(1, 2).PhoneticCharacters = "ヘイキン"
  ┌ Range("A18").Select
3 ┤ ActiveCell.FormulaR1C1 = "最高"
  └ ActiveCell.Characters(1, 2).PhoneticCharacters = "サイコウ"
  ┌ Range("A19").Select
4 ┤ ActiveCell.FormulaR1C1 = "最低"
  └ ActiveCell.Characters(1, 2).PhoneticCharacters = "サイテイ"
5 ┌ Range("B17").Select
  └ ActiveCell.FormulaR1C1 = "=AVERAGE(R[-12]C:R[-1]C)"
6 ┌ Range("B18").Select
  └ ActiveCell.FormulaR1C1 = "=MAX(R[-13]C:R[-2]C)"
7 ┌ Range("B19").Select
  └ ActiveCell.FormulaR1C1 = "=MIN(R[-14]C:R[-3]C)"
  ┌ Range("B17:B19").Select
8 ┤ Selection.AutoFill Destination:=Range("R17:D19"), Type:=xlFillDefault
  └ Range("B17:D19").Select
9 ┌ Range("A1").Select
End Sub
```

図12.18　マクロ「avg_max_min」のソースコード

　ここで深く内容を理解する必要はありませんが，雰囲気だけ味わっておきましょう。一通りソースコードを確認したら VBE を閉じましょう。

8　マクロを含むブックの保存

　作成したマクロを保存するには，通常の Excel ファイル（.xlsx）とは異なる形式で保存する必要があります。

1．リボンの【ファイル】タブから［エクスポート］をクリックします。
2．［ファイルの種類の変更］をクリックします。
3．［マクロ有効ブック（*.xlsm）］を選択し，［名前を付けて保存］をクリックします。

4．保存先と名前を指定し，“保存”ボタンをクリックします。

9 マクロを含むブックを開く

　マクロ有効ブック（*.xlsm）を開くと，画面上部に「セキュリティの警告」の表示が出る場合があります。これはセキュリティの観点（マクロウィルス）からマクロを実行できない状態でファイルが開かれるためです。保存したマクロを実行可能な状態にするには「セキュリティの警告」欄にある［コンテンツの有効化］をクリックします。

　インターネットからダウンロードしたマクロ有効ブックを開く場合は，

- ダウンロード元のサイトの説明を確認
- ダウンロードしたファイルをウィルスチェックにかける

を行った上で［コンテンツの有効化］を行うようにしましょう。少しでも怪しい場合はマクロを実行しないようにしましょう。

10 記録したマクロの編集

　次のマクロを記録してみましょう。

マクロ名「line_chart」：1年の気温の推移から折れ線グラフを作成するマクロ
シート「名古屋」で図12.19に示す作業内容を確認した後，マクロを記録しましょう。

> 1. セル A4:D16 を選択
> 2. リボンの【挿入】タブから［折れ線グラフの挿入］をクリックし，「2-D 折れ線」の［折れ線］（左から一番上）を選択
> 3. グラフタイトルをクリック
> 4. グラフタイトルを「気温の推移」に変更
> 5. セル A1 をクリック

図 12.19　マクロ「line_chart」の作業内容

　図 12.20 のグラフを作成するマクロ「line_chart」を記録することができたら，シート「東京」に切り替えます。そして，東京の気温データに対してマクロ「line_chart」を実行してみましょう。

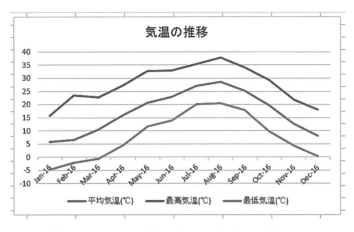

図 12. 20　シート「名古屋」で作成されるグラフ

　うまくグラフが作成されているように見えますが，シート「名古屋」のグラフと見比べてみましょう。気温のデータは異なりますが，作成されたグラフはシート「名古屋」とまったく同じグラフです。

　マクロ「line_chart」の記録を確認し原因を探してみましょう。図 12. 21 の左側にある番号は図 12. 19 の作業内容の番号に対応します。

```
Sub line_chart()
'
' line_chart Macro
'
'
1 ⎰ Range("A4:D16").Select
2 ⎰ ActiveSheet.Shapes.AddChart2(227, xlLine).Select
  ⎱ ActiveChart.SetSourceData Source:=Range("名古屋!$A$4:$D$16")
3 ⎰ ActiveChart.ChartTitle.Select
4 ⎰ ActiveChart.ChartTitle.Text = "気温の推移"
5 ⎰ Range("A1").Select
End Sub
```

図 12. 21　マクロ「line_chart」のソースコード

　図 12. 22 に示す行を見るとグラフの元データとなるセルの範囲が「名古屋!$A$4:$D$16」になっています。

```
ActiveChart.SetSourceData Source:=Range("名古屋!$A$4:$D$16")
```

図 12. 22　グラフの元データのセル範囲（修正前）

すなわち，マクロ「line_chart」をどのシートで実行してもシート「名古屋」の$A$4:$D$16が選択されることになります。代わりに図12.23のように変更しておきましょう。

```
ActiveChart.SetSourceData Source:=Range("$A$4:$D$16")
```

図12.23　グラフの元データのセル範囲（修正後）

この変更によって，マクロを実行したときのシートで「$A$4:$D$16」を使ってグラフが作成されるようになります。変更したら，VBEは閉じておきます。

それではシート「東京」のグラフを一旦削除し，再度マクロ「line_chart」を実行しましょう。

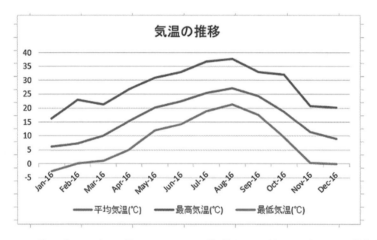

図12.24　修正後のマクロ「line_chart」で作成されたグラフ（シート「東京」）

マクロを修正し実行した結果，図12.24のようにシート「東京」のデータからグラフが作成されました。［マクロの記録］を使って記録されたマクロは，作業内容を正確に記録する反面，場合によってはそのまま利用できないこともあります。

マクロを実行し意図しない結果になったときは，VBEで記録されたマクロの内容を確認するとよいでしょう。特定の作業方法やデータに依存しないマクロを作成するにはVBAの知識が必要となります。興味のある人や極力手作業を減らしたいと考える人は「VBA」「プログラミング」等のキーワードでWebサイトを調べたり，書籍を探したりしてみましょう。

12. 7　練習問題

次の問題に解答しましょう。

1．図 12. 1 に示した表で，「酒類」の「酒」を「アルコール」に置換してみましょう。また，そのときに「検索する文字列」の種類はいくつ考えられるでしょうか。

2．10 章で使用したファイル「dentotekikogeihin_list.xlsx」の「都道府県」の列（I 列）の値に対して，置換を使って各都府県の末尾の文字「都府県」を削除してみましょう（例：愛知県 → 愛知）。検索するセル範囲がわかっている場合は，あらかじめ範囲を選択しておくと，不必要な置換を防ぐことができます。

3．オンライン画像を挿入してみましょう。その際に挿入する画像のライセンスを調べてみましょう。

4．図 12. 3 の表からグラフを作成し，Word にグラフを貼り付けてみましょう。また，リンク貼り付けを行った場合は，元データを変更し，Word に貼り付けたグラフに変更が反映されることを確認しましょう。

5．12. 6 節で登場したマクロ「avg_max_min」と「line_chart」を連続して実行するマクロ「meteorological_report」をシート「名古屋」で記録しましょう。また，記録したマクロをシート「東京」で実行してみましょう。

6．名古屋と東京における 2016 年の気温データ「meteorological_data.xlsx」の表を書式設定するマクロ「format_table」をシート「名古屋」で記録しましょう。記録する内容は次の 3 点です。

- 日付を「yyyy 年 mm 月」の形式に変更
- 表の項目名を中央揃え
- 表に罫線を引く

また，記録したマクロをシート「東京」で実行してみましょう。

12. 8　12. 6 節で使用するデータについて

本章「12. 6 マクロ機能」では，気象庁が公開するデータを使用して内容を説明しています。12. 6 節の内容を進めるためには，Excel ファイル「meteorological_data.xlsx」を

準備する必要があります。次に示す手順で準備をしてください。

① CSV ファイルのダウンロード

1. Web ブラウザから気象庁のページ（http://www.jma.go.jp/jma/index.html）にアクセスします。

2. 画面上部のメニューから［各種データ・資料］をクリックします。

3. 気象観測データの一覧から［過去の地点気象データ・ダウンロード］をクリックします。

4. 次の条件を設定します。
   - 「地点を選ぶ」で［愛知県］から［名古屋］を選択
   - 「項目を選ぶ」
     - 「データの種類」から［月別値］を選択
     - 「気温」から［月平均気温］［月最高気温］［月最低気温］にチェック
   - 「期間を選ぶ」
     - ［連続した期間で表示する］を選択
     - ［2016年1月］から［2016年12月］までを指定
   - 「表示オプションを選ぶ」
     - 「利用上注意が必要なデータの扱い」で［値を表示（格納）しない］を選択
     - 「観測環境などの変化の前後で，値が不均質となったデータの扱い」から［環境変化などの変化前の値を表示（格納）しない］を選択
     - 「ダウンロード CSV ファイルのデータ仕様」から［すべて数値で格納（現象あり・なし情報，品質情報は数値で格納）］を選択し，［日付リテラルで格納］を選択
     - 「その他」にある項目は，すべてチェックを外しておく

5. ［CSV ファイルをダウンロード］をクリックし，ファイル名を「nagoya.csv」として保存します。

6. 地点から「名古屋」を削除した後，「地点を選ぶ」から「東京」を選択します（地点以外の条件は変更しない）。

7. 再度 CSV ファイルをダウンロードし，ファイル名を「tokyo.csv」として保存します。

② CSV ファイルの取り込み

1. Excel を開き，新規の空白ブックを作成します。

2. リボンの【データ】タブから [テキストファイル] （テキストファイル）ボタンをクリックします。

3. 《テキストファイルのインポート》ダイアログボックスが表示されるので，ダウンロードしたファイル「nagoya.csv」を選択し，"インポート"ボタンをクリックします。

4. 「データのファイル形式を選択してください」から［カンマやタブなどの区切り文字によってフィールドごとに区切られたデータ］を選択し，"次へ"ボタンをクリックします。

5. 「区切り文字」の中から［カンマ］にのみチェックを入れ，"完了"ボタンをクリックします。

6. 《データの取り込み》ダイアログボックスが表示されるので"プロパティ"ボタンをクリックします。

7. 「外部データ範囲のプロパティ」で［クエリの定義を保存する］のチェックを外し，"OK"ボタンをクリックします。

8. 《データの取り込み》ダイアログボックスから［既存のワークシート］で「=$A$1」であることを確認し，"OK"ボタンをクリックします。

9. Sheet 1 に名古屋の気象データが取り込まれていることを確認し，シート名を「名古屋」に変更します。

10. 新しいシートを追加します（Sheet2 に切り替わり，セル A1 が選択される）。

11. ファイル「tokyo.csv」に対して，再度手順2から手順8を行います。

12. Sheet2 に東京の気象データが取り込まれていることを確認し，シート名を「東京」に変更します。

③ データの整形

1. 2枚のシート（「名古屋」と「東京」）の5行目（空白行）を削除し，行を詰めておきます。

2. 任意でセルの幅と書式を調整します。

3. ファイル名を「meteorological_data.xlsx」として保存します。

第13章 データベースの基礎①

13. 1　データベースとは

「データベース」とは，特定のテーマや目的にそって集められたデータの集合です。大量のデータを一定の形式で保存しておき，必要なときに必要なかたちで，簡単に取り出すことを目的としたシステムで，階層型・リレーショナル型・ネットワーク型などの形式があります。

13. 2　Access の概要

●Access とは

Access はリレーショナル型のデータベースで，次のような機能を持っています。

- データを検索，抽出する機能
- データを 50 音順，数値の大小順，アルファベット順などに並べ替える機能
- データをさまざまな形式で表示する機能
- データをさまざまな形式で印刷する機能
- 表計算ソフトや他のデータベースソフト等のデータを読み込む機能
- 条件分岐や繰り返しなどタスクを自動化する機能

●Access の起動

Windows のスタートボタンをクリックし，［Access 2013］をクリックします。

［空のデスクトップデータベース］をクリックし，ファイル名の下にある空欄で名前を付けます。

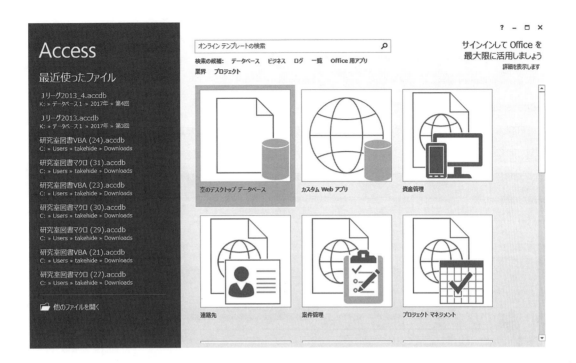

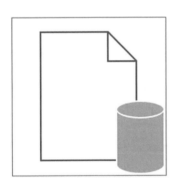

空のデスクトップ データベース

Access 2013 アプリと Access デスクトップ データベースのどちらを作成すべきですか?

ファイル名

データベース1.accdb

C:¥Users¥takehide¥Documents¥

作成

●既存のデータベースの開き方

Access のスタート画面で［他のファイルを開く］をクリックします。

［開く］-［コンピュータ］-［参照］をクリックします。

《ファイルを開く》ダイアログボックスが表示されるので，該当するファイルを選択し，

［開く］をクリックします。

●データベースの終了

ファイルの閉じ方

［ファイル］-［閉じる］をクリックします。

Access の終了

画面の左上にある ![A] をクリックし，［閉じる（C）］をクリックします。もしくは右上にある ✖ をクリックします。

13. 3　Access の構成要素と基本操作

●画面構成

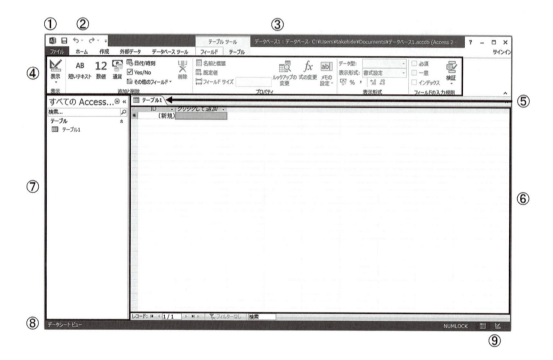

① 　ファイルタブ（ファイルと印刷に関するメニューを呼び出すタブ）

② 　クイックアクセスツールバー（よく使う機能を簡単に実行するためのボタンの集まり）

③ 　タイトルバー（ファイル名が表示される領域）

④ 　リボン（Access の機能が種類ごとに分類されたタブの集まり）

⑤ 　タブ（オブジェクトの表示を切り替えるときに使う）

⑥ 　ドキュメントウィンドウ（テーブルやクエリなどのオブジェクトを開いて作業する領域）

⑦ 　ナビゲーションウィンドウ（オブジェクトの一覧が表示される領域）

⑧　ステータスバー（現在の作業状況や処理手順が表示される領域）

⑨　ビュー切り替えボタン（ビューを切り替える時に使用）

●ウィンドウの操作

ナビゲーションウィンドウの最小化

　‹‹（シャッターバーを開く/閉じる）をクリックすることによっ
てナビゲーションウィンドウを最小化することができます。

13.4　テーブルの作成

データベースを新規で作成します。

1．Access を起動させます。

2．［空のデスクトップデータベース］をクリックします。

3．［ファイル名］ボックスに "データベース1.accdb" と表示されていることを確認し

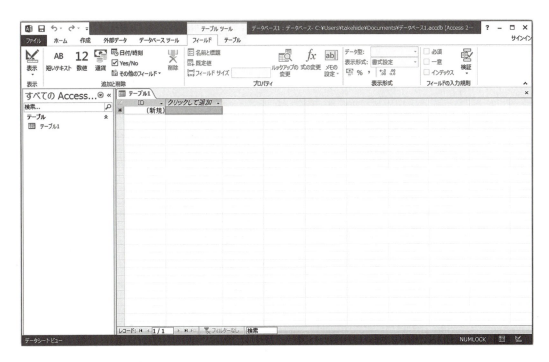

ます。

4．［データベースの保存場所を指定します］アイコンをクリックします。

5．保存したいフォルダーを選択または新規作成します。

6．［ファイル名ボックス］に「エウロパカフェ.accdb」と入力，"OK" をクリックし，
元のウィンドウで［作成］をクリックします。

●テーブルの作成

1．テーブルに名前を付けて保存します。

2．クイックアクセスツールバーの "上書き保存" ボタンをクリックします。

3．《名前を付けて保存》ダイアログボックスで「従業員台帳」と入力します。

●テーブルのデザインビュー

デザインビューではテーブル構造の作成や変更を行うことができます。

1．［ファイル］下にある［表示］アイコン部分をクリックし，デザインビューへ変更

します。

2．［ID］のセルをクリックし，「従業員コード」と入力しエンターキーを押します。

3．［データ型］セルでプルダウンメニューから「短いテキスト」を選択します。

以下，下記の表を参考に，それぞれのフィールド名/データ型を設定します。

従業員台帳	
フィールド名	データ型
従業員コード	短いテキスト
氏名	短いテキスト
よみがな	短いテキスト
出身地	短いテキスト
店舗コード	短いテキスト
役職	短いテキスト
入社日	日付/時刻型

●データ型とは

データ型	説　明	使用例
短いテキスト	文字に使用する，または計算の対象とならない数字（最大 255 文字まで）	商品名，電話番号，郵便番号など
長いテキスト	長文，または書式を設定している文字列	備考，摘要など
数値型	数値データ（整数，小数を含む），計算に使用することができる	数量，年数など
日付/時刻型	日付や時刻	入社年月日，退社時刻など
通貨型	金額に関するデータ	金額，単価など
オートナンバー型	自動的に連番をつける場合に使用	伝票番号，ID 番号など
Yes/No 型	二者択一の場合に使用	ある/なしの区別など

●主キーの設定

1．［従業員コード］のフィールドをクリックして選択します。

2．右クリックして出てきたメニューから［主キー］を選択します。

3．［従業員コード］が主キーとして設定されます。

●主キーとは

「主キー」とは「従業員コード」のように各レコードを固有のものとして認識するためのフィールドです。主キーとして設定されるフィールドには重複するデータを入力することはできません。

1．［ファイル］下にある［表示］アイコン部分をクリックし，データシートビューに変更します。

2．テーブルに以下のデータを入力します。

従業員コード	氏名	よみがな	出身地	店舗コード	役職	入社日
E02301	佐藤和夫	さとうかずお	愛知県	A010	マネージャー	2011/04/01
E02302	鈴木翔太	すずきしょうた	愛知県	A020	マネージャー	2011/04/01
E02303	高橋浩二	たかはしこうじ	三重県	A030	マネージャー	2011/04/01
E02304	田中さくら	たなかさくら	静岡県	A040	マネージャー	2011/04/01
E02305	伊藤直樹	いとうなおき	愛知県	A050	マネージャー	2011/04/01
E02306	渡辺理恵	わたなべりえ	岐阜県	A010	チーフ	2011/04/01
E02307	山本翼	やまもとつばさ	愛知県	A020	チーフ	2011/04/01
E02308	中村智也	なかむらともや	愛知県	A030	スタッフ	2011/04/01
E02309	小林大輔	こばやしだいすけ	岐阜県	A040	スタッフ	2011/04/01
E02310	加藤めぐみ	かとうめぐみ	三重県	A050	スタッフ	2011/04/01
E02401	吉田真由美	よしだまゆみ	滋賀県	A020	スタッフ	2012/04/01
E02402	山田純子	やまだじゅんこ	愛知県	A020	スタッフ	2012/04/01
E02403	佐々木麻衣	ささきまい	静岡県	A020	マネージャー	2012/04/01
E02404	山口大介	やまぐちだいすけ	岐阜県	A030	マネージャー	2012/04/01
E02405	松本健太	まつもとけんた	愛知県	A040	マネージャー	2012/04/01
E02406	井上茜	いのうえあかね	三重県	A010	チーフ	2012/10/01
E02407	木村太一	きむらたいち	東京都	A050	チーフ	2012/10/01
E02501	林海斗	はやしかいと	愛知県	A020	チーフ	2013/04/01
E02502	斎藤久美子	さいとうくみ	愛知県	A020	スタッフ	2013/04/01
E02503	清水洋子	しみずようこ	愛知県	A020	スタッフ	2013/04/01
E02504	山崎秀樹	やまさきひでき	岐阜県	A010	スタッフ	2013/04/01
E02601	森菜々子	もりななこ	長野県	A030	スタッフ	2014/04/01
E02602	池田美穂	いけだみほ	愛知県	A030	スタッフ	2014/04/01
E02701	橋本愛	はしもとあい	愛知県	A020	チーフ	2015/04/01
E02702	阿部洋平	あべようへい	岐阜県	A020	スタッフ	2015/04/01
E02703	石川由美	いしかわゆみ	三重県	A020	スタッフ	2015/04/01
E02704	山下七海	やましたななみ	愛知県	A040	スタッフ	2015/04/01
E02705	中島幸子	なかじまさちこ	岐阜県	A040	スタッフ	2015/04/01
E02706	小川誠	おがわまこと	愛知県	A040	スタッフ	2015/10/01
E02707	石井美咲	いしかわみさき	三重県	A050	スタッフ	2015/10/01

●テーブル内での名称

フィールド　　　　　　　フィールド名　　　レコード

●データの検索

1．出身地が「岐阜県」の従業員を検索します。

2．[従業員コード]をデータシートビューで開きます。

3．検索するフィールドにカーソルを移動させます。ここでは出身地フィールドとなります。

4．［ホーム］-🔍（検索）をクリックします。

5．《検索と置換》ダイアログボックスが表示されます。

6．［検索する文字列］に「岐阜県」と入力し，［次を検索］をクリックします。

7．カーソルが条件と一致する部分に移動し，文字が反転されます。

8．最後まで検索が終わると「レコードの検索が終了しました。指定した検索項目は見つかりませんでした。」と表示されるので，"OK" をクリックします。

【例題1】役職が「マネージャー」の従業員を検索しましょう。

●フォームフィルターの利用

出身地が「三重県」の従業員を抽出します。

1．［ホーム］-［並べ替えとフィルター］内の 🔳（詳細設定）-［フォームフィルター］をクリックします。

このときに抽出条件がすでに入力されていたら 🔳（詳細設定）-［グリッドのクリアー］をクリックします。

2．出身地の空のレコード部分をクリックします。

3．「三重県」と入力します。

4．［ホーム］-［並べ替えとフィルター］内の ▼（フィルターの実行）をクリックします。

従業員コー▼	氏名 ▼	よみがな ▼	出身地 ▼	店舗コード▼	役職 ▼	入社日 ▼
E02303	高橋浩二	たかはしこうじ	三重県	A030	マネージャー	2011/04/01
E02310	加藤めぐみ	かとうめぐみ	三重県	A050	スタッフ	2011/04/01
E02406	井上茜	いのうえあかね	三重県	A010	チーフ	2012/10/01
E02703	石川由美	いしかわゆみ	三重県	A020	スタッフ	2015/04/01
E02707	石井美咲	いしかわみさき	三重県	A050	スタッフ	2015/10/01

フィルターを解除する時には，もう一度 ▼（フィルターの実行）をクリックします。

【例題2】役職が「チーフ」の従業員を抽出しましょう。

●並べ替え

よみがなを 50 音順に並べます。

1. 「よみがな」フィールドをクリックします。

2. ［ホーム］-A↓（昇順）をクリックします。

3. 従業員の名前が 50 音順に並べ替えられ，フィールド名の右に↑が表示されます。

   ［ホーム］-Z↓（降順）をクリックします。

   50 音順が逆に並べ替わり，フィールド名の右に↓が表示されます。

4. ［ホーム］-A↙（並べ替えの解除）をクリックすると，並べ替えが解除されます。

【例題 3】役職で並べ替えを行いましょう。

13. 5　クエリの作成

●クエリとは

「クエリ」とは，テーブルに格納されたデータを加工するためのオブジェクトで，データの抽出，編集，集計，などさまざまな用途に用いられます。

●クエリの作成方法

ウィザードでクエリを作成します。

クエリによって役職の「チーフ」を抽出します。

1. ［作成］-［クエリ］内の［クエリウィザード］をクリックします。

2. ウィザードが起動するので，［選択クエリウィザード］を選択し，"OK" をクリックします。

3. テーブル/クエリを選択する欄において，「テーブル：従業員台帳」を選択し，フィールドすべてを選択するため，>> をクリックし，「次へ」をクリックします。

4. クエリ名の指定で，「役職（チーフ）クエリ」に変更し，［クエリのデザインを編集する］を選択し，完了をクリックします。

5. ［役職］フィールドの［抽出条件］の行に「"チーフ"」と入力します。

6. ［実行］をクリックすると，チーフだけが抽出されたクエリが表示されます。

従業員コード	氏名	よみがな	出身地	店舗コード	役職	入社日
E02306	渡辺理恵	わたなべりえ	岐阜県	A010	チーフ	2011/04/01
E02307	山本翼	やまもとつばさ	愛知県	A020	チーフ	2011/04/01
E02406	井上茜	いのうえあかね	三重県	A010	チーフ	2012/10/01
E02407	木村太一	きむらたいち	東京都	A050	チーフ	2012/10/01
E02501	林海斗	はやしかいと	愛知県	A020	チーフ	2013/04/01
E02701	橋本愛	はしもとあい	愛知県	A020	チーフ	2015/04/01

●クエリデザインでクエリを作成

「A030」店舗で働いている従業員を抽出します。

1．[作成]-[クエリ] 内の [クエリデザイン] をクリックします。

2．テーブルのタブにおいて,「従業員台帳」を選択し,[追加] をクリックします。

3．従業員台帳が追加されたら,[閉じる] をクリックし,テーブルの表示ウィンドウを閉じます。

4．従業員コードから入社日までのすべてのフィールドをドラッグ＆ドロップによってフィールド欄へ追加します。

5．[店舗コード] フィールドの [抽出条件] の行に「"A030"」と入力します。

6．[実行] をクリックすると,「A030」店舗で働いている従業員だけが抽出されたクエリが表示されます。

従業員コード	氏名	よみがな	出身地	店舗コード	役職	入社日
E02303	高橋浩二	たかはしこうじ	三重県	A030	マネージャー	2011/04/01
E02308	中村智也	なかむらともや	愛知県	A030	スタッフ	2011/04/01
E02404	山口大介	やまぐちだいすけ	岐阜県	A030	マネージャー	2012/04/01
E02601	森菜々子	もりななこ	長野県	A030	スタッフ	2014/04/01
E02602	池田美穂	いけだみほ	愛知県	A030	スタッフ	2014/04/01

7．上書き保存を選択し,「名前を付けて保存」のウィンドウにおいて「A030店勤務クエリ」と入力し "OK" をクリックします。

●データの並べ替え

役職（チーフ）クエリにおいて,店舗コードによって並べ替えを行います。

1．役職（チーフ）クエリを立ち上げ,[表示] をデザインビューへ変更します。

2．[店舗コード] の [並べ替え] において,[昇順] を選択し,[実行] をクリックします。

従業員コー▼	氏名 ▼	よみがな ▼	出身地 ▼	店舗コード ▼	役職 ▼	入社日 ▼
E02406	井上茜	いのうえあかね	三重県	A010	チーフ	2012/10/01
E02306	渡辺理恵	わたなべりえ	岐阜県	A010	チーフ	2011/04/01
E02701	橋本愛	はしもとあい	愛知県	A020	チーフ	2015/04/01
E02501	林海斗	はやしかいと	愛知県	A020	チーフ	2013/04/01
E02307	山本翼	やまもとつばさ	愛知県	A020	チーフ	2011/04/01
E02407	木村太一	きむらたいち	東京都	A050	チーフ	2012/10/01

●データの集計

役職ごとの人数の集計を行いましょう。

1．［作成］-［クエリ］内の［クエリデザイン］をクリックします。

2．テーブルのタブにおいて，「従業員台帳」を選択し，［追加］をクリックします。

3．「従業員コード」と「役職」のフィールドをドラッグ＆ドロップによってフィールド欄へ追加します。

4．［デザイン］-［表示/非表示］内の［集計］をクリックします。
　　デザイングリッドに集計の行が追加されます。

フィールド:	従業員コード	役職 ✓
テーブル:	従業員台帳	従業員台帳
集計:	グループ化	グループ化
並べ替え:		
表示:	☑	☑
抽出条件:		
または:		

5．「従業員コード」の「集計行」を「カウント」に変更します。「役職」については「グループ化」のままにします。

6．［実行］をクリックすると，役職別の人数が表示されます。

7．「上書き保存」を選択し，「名前を付けて保存」のウィンドウにおいて「役職別人数クエリ」と入力し "OK" をクリックします。

第14章 データベースの基礎②

14. 1　フォームの概要

「フォーム」とは，データを効率よく入力，更新，抽出するためのオブジェクトです。Accessを知らない人でも操作できるように，データの入力を1レコードで1画面に表示したり，帳票形式で表示したり等，容易な形式が設定できます。

●フォームの作成

フォームの作成を行う前に，以下のデザインビューとデータシートビューから「店舗台帳」テーブルを作成します。

デザインビュー

フィールド名	データ型
🔑 店舗コード	短いテキスト
店舗名	短いテキスト
席数	数値型
レジ数	数値型
店舗面積	数値型

※ 店舗台帳テーブル

データシートビュー

※ 店舗台帳テーブル

店舗コード	店舗名	席数	レジ数	店舗面積
A010	名古屋駅前店	50	1	80
A020	栄本店	230	3	200
A030	大曽根店	110	2	150
A040	星ヶ丘店	140	2	170
A050	名城公園店	60	1	100
*				

1．[作成]–[フォームデザイン] をクリックします。

2．[デザイン]–[ツール]–[既存のフィールドの追加] をクリックします。

3．右にフィールドリストが開くので，［すべてのテーブルを表示する］を選択します。

4．［店舗台帳テーブル］の［店舗コード］をドラッグして，レポートの上でドロップします。

5．同様に，フィールドリストに表示された中から［店舗名］［席数］［レジ数］［店舗面積］をドラッグ＆ドロップします。

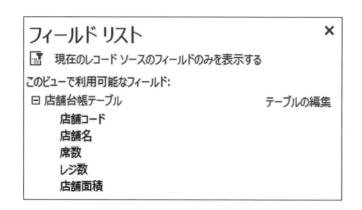

6．各項目を適切な位置に配置します。

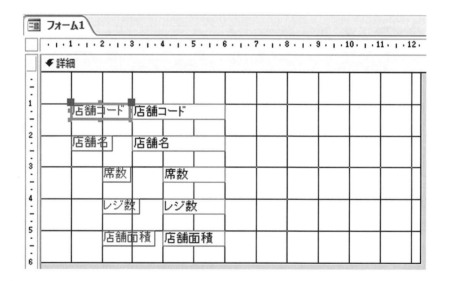

●テキストボックスとラベルの移動

同時に移動

別々に移動

サイズの変更

デザインを変更します。

［テーマ］から好みのデザインを選択します。ここでは［インテグラル］を選択し，［フォームビュー］で確認します。

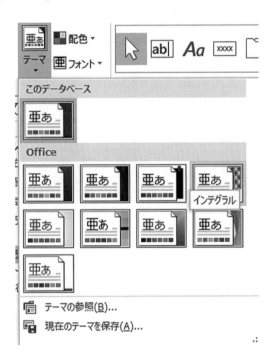

●タイトルの挿入

1．［表示］から［デザインビュー］に変更し，［デザイン］-［タイトル］をクリックします。

フォームヘッダーに「フォーム 1」と書かれたラベルが表示されます。

2．「店舗詳細」と入力します。

3．［デザイン］−［プロパティーシート］をクリックします。

4．［書式］のタブを選択し，立体表示で［影付き］，フォントサイズは［28］に変更します。

5．タイトルの枠とフォームヘッダーの高さを調節します。

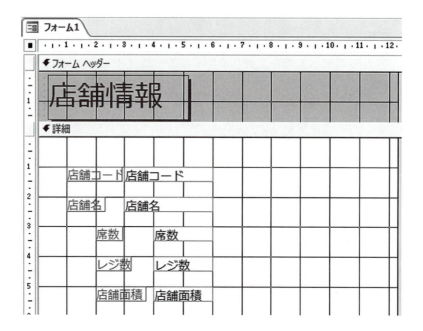

6．フォーム名を［店舗情報フォーム］で保存します。

14．2　レポートの概要

テーブルやクエリのデータからさまざまな印刷のレイアウトをレポートとして作成することができます。

① レポートの作成

レポートツールでレポートを作成します。

1．ナビゲーションウィンドウの［従業員台帳］テーブルをクリックします。

2．【作成】タブをクリックします。

3．［レポート］ボタンをクリックします。

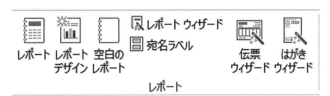

4．クイックアクセスツールバーの［上書き保存］ボタンをクリックします。

5．《名前を付けて保存》ダイアログボックスの［レポート名］ボックスに「R従業員
台帳」と入力します。

6．"OK" をクリックします。

2 レポートの編集

●日付の表示

1．【コントロール】タブで［日付と時刻］をクリックします。

2．日付と時刻に関する表示書式が出てくるので，ふさわしい形式を選択し"OK"を
クリックします。

3．ヘッダー部分にラベルが表示されるので，レポート全体のバランスを考えて配置します。

3　レポートの印刷

印刷プレビューで印刷イメージを確認し，「店舗情報レポート」と名前を付けて保存します。

14. 3　リレーションシップの作成

次の2つのテーブル（商品台帳テーブル・売上台帳テーブル）を作成します。

●商品台帳テーブル

デザインビュー

商品台帳テーブル	
フィールド名	データ型
商品コード	短いテキスト
商品名	短いテキスト
価格	数値型

データシートビュー

商品コード	商品名	価格	クリックして追加
C0010	オリジナルS	200	
C0020	オリジナルL	250	
C0030	モカS	220	
C0040	モカL	270	
C0050	ブルーマウンテンS	250	
C0060	ブルーマウンテンL	300	
C0070	カフェラテS	250	
C0080	カフェラテL	300	
F0010	ドーナツ	180	
F0020	チーズケーキ	280	
F0030	ホワイトクッキー	220	
F0040	ポテトチップス	150	

●売上台帳テーブル

デザインビュー

売上台帳テーブル	
フィールド名	データ型
伝票番号	オートナンバー型
日付	短いテキスト
店舗コード	短いテキスト
商品コード	短いテキスト
売上個数	数値型

データシートビュー

伝票番号	日付	店舗コード	商品コード	売上個数
1	2017.4.1	A010	C0010	22
2	2017.4.1	A010	C0020	30
3	2017.4.1	A010	C0030	15
4	2017.4.1	A010	C0040	27
5	2017.4.1	A010	C0050	11
6	2017.4.1	A010	C0060	15
7	2017.4.1	A010	C0070	28
8	2017.4.1	A010	C0080	31
9	2017.4.1	A010	F0010	24
10	2017.4.1	A010	F0020	23
11	2017.4.1	A010	F0030	35
12	2017.4.1	A010	F0040	17
13	2017.4.1	A020	C0010	102
14	2017.4.1	A020	C0020	119
15	2017.4.1	A020	C0030	46
16	2017.4.1	A020	C0040	51
17	2017.4.1	A020	C0050	77
18	2017.4.1	A020	C0060	56
19	2017.4.1	A020	C0070	89
20	2017.4.1	A020	C0080	74
21	2017.4.1	A020	F0010	30
22	2017.4.1	A020	F0020	55
23	2017.4.1	A020	F0030	110
24	2017.4.1	A020	F0040	75
25	2017.4.1	A030	C0010	47
26	2017.4.1	A030	C0020	53
27	2017.4.1	A030	C0030	29
28	2017.4.1	A030	C0040	60
29	2017.4.1	A030	C0050	25
30	2017.4.1	A030	C0060	29
31	2017.4.1	A030	C0070	57
32	2017.4.1	A030	C0080	68
33	2017.4.1	A030	F0010	50
34	2017.4.1	A030	F0020	45
35	2017.4.1	A030	F0030	74
36	2017.4.1	A030	F0040	34
37	2017.4.1	A040	C0010	60
38	2017.4.1	A040	C0020	65
39	2017.4.1	A040	C0030	40
40	2017.4.1	A040	C0040	77
41	2017.4.1	A040	C0050	31
42	2017.4.1	A040	C0060	38
43	2017.4.1	A040	C0070	75
44	2017.4.1	A040	C0080	88
45	2017.4.1	A040	F0010	69

伝票番号	日付	店舗コード	商品コード	売上個数
46	2017.4.1	A040	F0020	55
47	2017.4.1	A040	F0030	102
48	2017.4.1	A040	F0040	40
49	2017.4.1	A050	C0010	25
50	2017.4.1	A050	C0020	29
51	2017.4.1	A050	C0030	11
52	2017.4.1	A050	C0040	13
53	2017.4.1	A050	C0050	19
54	2017.4.1	A050	C0060	14
55	2017.4.1	A050	C0070	21
56	2017.4.1	A050	C0080	20
57	2017.4.1	A050	F0010	10
58	2017.4.1	A050	F0020	13
59	2017.4.1	A050	F0030	26
60	2017.4.1	A050	F0040	20

1. ［データベースツール］-［リレーションシップ］をクリックします。

2. ［テーブルの表示］で「商品台帳テーブル」「店舗台帳テーブル」「売上台帳テーブル」を選択し，［追加］をクリックします。

3. 追加されたら［閉じる］をクリックします。

4. テーブルをマウスでドラッグすることにより，「売上台帳テーブル」を中央に配置します。

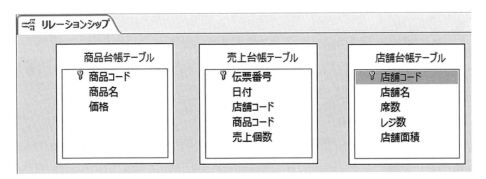

5. ［商品台帳テーブル］の［商品コード］をドラッグし，［売上台帳コード］の［商品コード］上へドロップします。

6. 《リレーションシップ》ダイアログボックスが開くので，［参照整合性］に ✔ を入れ，［作成］をクリックします。

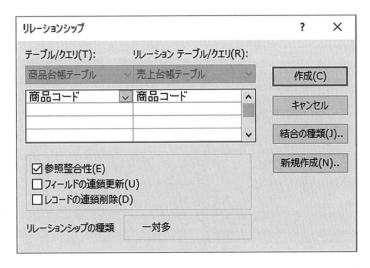

　［商品台帳テーブル］と［売上台帳テーブル］にリレーションシップを表す線が引かれます。

7. 同様に，［店舗台帳テーブル］の［店舗コード］と［売上台帳テーブル］の［店舗コード］にリレーションシップを結びます。

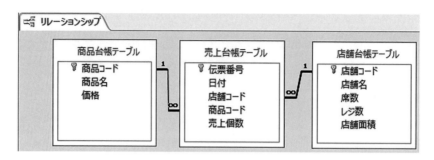

リレーションシップにより関連づけられた後に，売上に関するクエリを作成します。

1．[作成]-[クエリデザイン] をクリックします。

2．[テーブルの表示] で「商品台帳テーブル」「店舗台帳テーブル」「売上台帳テーブル」を選択し，[追加] をクリックします。

3．追加されたら [閉じる] をクリックします。

4．リレーションシップの関連をわかりやすく表示するために，[売上台帳テーブル] を中央に配置します。

5．[売上台帳テーブル] の [伝票番号] と [日付] をフィールドにドラッグし，さらに [店舗台帳テーブル] の [店舗名] を追加します。

6．次に，[商品台帳テーブル] の [商品名] と [売上台帳テーブル] の [売上個数] を追加します

7．[デザイン]-[実行] をクリックします。

伝票番号	日付	店舗名	商品名	売上個数
1	2017.4.1	名古屋駅前店	オリジナルS	22
2	2017.4.1	名古屋駅前店	オリジナルL	30
3	2017.4.1	名古屋駅前店	モカS	15
4	2017.4.1	名古屋駅前店	モカL	27
5	2017.4.1	名古屋駅前店	ブルーマウンテンS	11
6	2017.4.1	名古屋駅前店	ブルーマウンテンL	15
7	2017.4.1	名古屋駅前店	カフェラテS	28
8	2017.4.1	名古屋駅前店	カフェラテL	31
9	2017.4.1	名古屋駅前店	ドーナツ	24
10	2017.4.1	名古屋駅前店	チーズケーキ	23
11	2017.4.1	名古屋駅前店	ホワイトクッキー	35
12	2017.4.1	名古屋駅前店	ポテトチップス	17
13	2017.4.1	栄本店	オリジナルS	102
14	2017.4.1	栄本店	オリジナルL	119
15	2017.4.1	栄本店	モカS	46

(売上クエリ)

8．クエリ名の表示されたタブを右クリックし，メニューから [上書き保存] を選択し，クエリ名に「売上クエリ」と入力し "OK" をクリックします。

[売上台帳テーブル] でコードとして表示されていた店舗と商品が，新しく作成したクエリでは，それぞれ店舗名，商品名としてわかりやすく表示されています。

索　引

《監修者紹介》
　尾碕　眞（おざき・まこと）
　　1971年　名城大学大学院商学研究科商学専攻修士課程修了　博士（商学）。
　　現　在　愛知学院大学商学部教授。

《編著者紹介》
　吉田　聡（よしだ・さとし）担当：第1章〜第3章
　　1998年　東海大学大学院工学研究科電子工学専攻博士後期課程単位取得退学。
　　現　在　愛知学院大学商学部教授。

　笠置　剛（かさぎ・ごう）担当：第4章〜第7章
　　2011年　名城大学大学院都市情報学研究科都市情報学専攻博士後期課程修了
　　　　　　博士（都市情報学）。
　　現　在　愛知学院大学商学部専任講師。

　中野健秀（なかの・たけひで）担当：第13章〜第14章
　　1999年　京都大学大学院理学研究科博士後期課程単位取得退学　博士（理学）。
　　現　在　愛知学院大学商学部准教授。

《著者紹介》
　御幸英寛（みゆき・ひでお）担当：第8章〜第9章
　　2010年　滋賀大学大学院経済学研究科博士前期課程修了。
　　現　在　愛知学院大学商学部非常勤講師。
　　　　　　滋賀大学大学院経済学研究科経済経営リスク専攻博士後期課程　在学中。

　竹治　勲（たけじ・いさお）担当：第10章〜第12章
　　2012年　愛知県立大学大学院情報科学研究科博士前期課程修了。
　　現　在　愛知学院大学商学部非常勤講師。
　　　　　　愛知県立大学大学院情報科学研究科博士後期課程　在学中。

（検印省略）

2017年9月10日　初版発行　　　　　　　　　　　　　略称：データ処理

ビジネスのためのデータ処理リテラシー

監修者	尾　碕　　　眞
	吉　田　　　聡
編著者	笠　置　　　剛
	中　野　健　秀
発行者	塚　田　尚　寛

発行所　東京都文京区　　　**株式会社 創成社**
　　　　春日2-13-1

　　　　電　話　03(3868)3867　　　ＦＡＸ　03(5802)6802
　　　　出版部　03(3868)3857　　　ＦＡＸ　03(5802)6801
　　　　http://www.books-sosei.com　振　替　00150-9-191261

定価はカバーに表示してあります。

©2017 Satoshi Yoshida　　　　　　　組版：緑舎　印刷：エーヴィスシステムズ
ISBN978-4-7944-2512-6 C3034　　　製本：宮製本所
Printed in Japan　　　　　　　　　　落丁・乱丁本はお取り替えいたします。

——————— 経 営 選 書 ———————

ビジネスのためのデータ処理リテラシー	尾 碕 眞　監修 吉 田 聡 剛 笠 置 野 健 秀　編著 中		2,200 円
文 書 作 成 リ テ ラ シ ー	尾 碕 眞　監修 吉 田 聡 秀 中 野 健 剛　編著 笠 置		2,000 円
ビジネス・シミュレーション ― 設 計 ・ 構 築 ・ 分 析 ―	姜 秉 国	著	2,600 円
経営情報システムとビジネスプロセス管理	大 場 允 晶 藤 川 裕 晃	編著	2,500 円
イ チ か ら 学 ぶ ビ ジ ネ ス ― 高 校 生 ・ 大 学 生 の 経 営 学 入 門 ―	小 野 正 人	著	1,700 円
や さ し く 学 ぶ 経 営 学	海 野 博 畑 隆	編著	2,600 円
豊 か に 暮 ら し 社 会 を 支 え る た め の 教 養 と し て の ビ ジ ネ ス 入 門	石 毛 宏	著	2,800 円
東 北 地 方 と 自 動 車 産 業 ― トヨタ国内第 3 の拠点をめぐって ―	折 橋 伸 哉 目 代 武 史 村 山 貴 俊	編著	3,600 円
おもてなしの経営学 ［実践編］ ―宮城のおかみが語るサービス経営の極意―	東北学院大学経営学部 おもてなし研究チーム みやぎ おかみ会	編著 協力	1,600 円
お も て な し の 経 営 学 ［理 論 編］ ― 旅 館 経 営 へ の 複 合 的 ア プ ロ ー チ ―	東北学院大学経営学部 おもてなし研究チーム	著	1,600 円
おもてなしの経営学 ［震災編］ ―東日本大震災下で輝いたおもてなしの心―	東北学院大学経営学部 おもてなし研究チーム みやぎ おかみ会	編著 協力	1,600 円
転 職 と キ ャ リ ア の 研 究 ― 組 織 間 キ ャ リ ア 発 達 の 観 点 か ら ―	山 本 寛	著	3,200 円
昇 進 の 研 究 ―キャリア・プラトー現象の観点から―	山 本 寛	著	3,200 円
イ ノ ベ ー シ ョ ン と 組 織	首 藤 禎 史 伊 藤 友 章 平 安 山 英 成	訳	2,400 円

（本体価格）

——————— 創 成 社 ———————